AF549748

1000 STUNDEN DRAUSSEN

– DAS GANZE JAHR –

Kreative Beschäftigungen im Freien für die ganze Familie

Ginny Yurich

INHALT

KAPITEL EINS

WINTER

KAPITEL ZWEI

FRÜHJAHR

KAPITEL DREI

SOMMER

KAPITEL VIER

HERBST

VORWORT

Noch vor wenigen Jahren fühlte ich mich als Mutter ziemlich verloren. Es ist nicht einfach, die Bedürfnisse kleiner Kinder zu erfüllen – bis man mit ihnen nach draußen geht.

Die Natur hilft, viele moderne Erziehungsprobleme zu lösen. Im Freien können wir zahlreiche Erwartungen abschütteln, die auf uns lasten. Wir können Atem schöpfen und mit unseren Kindern im Hier und Jetzt sein. Das Spiel in der Natur nimmt Druck aus dem Familienalltag, und es hilft den Kindern, sich ganzheitlich zu entwickeln: kognitiv, emotional, sozial und körperlich. Im Grunde hat es nur Vorteile, wenn wir mit unseren Kindern an die frische Luft gehen.

Ich habe das Projekt ***1000 Hours Outside*** im Jahr 2013 als Blog gestartet. Mit meiner Idee konnte ich viele anstecken, und so hat sich die Bewegung über den ganzen Globus ausgebreitet und umfasst nun eine Lifestylemarke, einen beliebten Podcast und eine hoch bewertete mobile App.

Die Idee ist einfach, die Umsetzung allerdings schwieriger. Unser Ziel ist es, 1000 Stunden im Jahr im Freien zu verbringen und so ein gesundes Gegengewicht zur überhandnehmenden Bildschirmkultur zu schaffen. Dabei ist die genaue Anzahl der Stunden gar nicht so wichtig. Es ist die Absicht, die zählt.

Für Kinder früherer Generationen war es normal, draußen zu spielen. Das hat sich grundlegend geändert, darum müssen

Ich lebe mit meiner Familie in Michigan in den USA.

wir jetzt aktiv dafür sorgen, dass sich unsere Kinder (und letztlich unser Familienleben) gesund entwickeln.

Viele junge Eltern wissen nicht, wo sie anfangen sollen. Ich möchte sie mit diesem Buch daran erinnern, wie wichtig einfache Freuden sind. Für Eltern, Großeltern, Betreuende und Kinder habe ich viele leicht umsetzbare Ideen gesammelt, mit denen man rund ums Jahr eine gesunde Balance zwischen der virtuellen und der realen Welt halten kann.

Aus der 1000-Hours-Outside-Community haben mich Tausende toller Fotos erreicht, von denen leider nur ein Bruchteil in diesem Buch gezeigt werden kann.

Ich freue mich, dass immer mehr Familien Platz in ihrem vollen Terminkalender schaffen, um Zeit in der Natur zu verbringen. Seid euch bewusst, dass mit jeder Berührung der Erde, jeder geflochtenen Gänseblümchenkette und jedem beobachteten Vogel Weichen gestellt werden, von denen die nächste Generation nur profitieren kann.

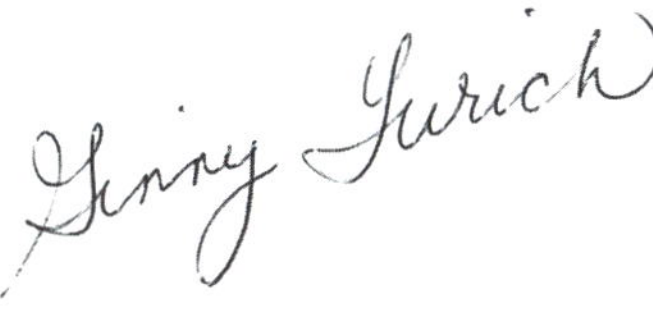

Bitte beachtet bei allen Aktivitäten die Sicherheitsinformationen von Seite 286.

KAPITEL EINS

WINTER

30 Min–
3 Std

KAKAO ZUM AUFWÄRMEN

Wenn es kalt und windig ist, möchte man lieber drinnen bleiben. Dann kann eine kleine Leckerei helfen, sich trotzdem vor die Tür zu wagen. Heißen Kakao kann man leicht mitnehmen, er wärmt von innen, und man kann ihn mit lustigen Süßigkeiten garnieren. Da macht ein Winterspaziergang gleich noch mehr Spaß.

IHR BRAUCHT

- Thermoskanne
- Pulver für heiße Trinkschokolade (gekauft oder selbst gemacht)
- Warmes Wasser
- Becher
- Süße Dekorationen

ANLEITUNG

1. Eine Thermoskanne mit dem Trinkschokoladenpulver und heißem Wasser füllen. Das sollte ein Erwachsener übernehmen und dabei auf das richtige Mischungsverhältnis achten. Natürlich kann man auch ein anderes Getränk oder heiße Suppe in die Thermoskanne füllen.
2. Die Thermoskanne sicher verschließen. Garnierungen wie Marshmallows, gefriergetrocknete Erdbeeren, Schokoladensirup, Mandelblättchen, Stückchen von Schokoriegeln oder Zimtstangen extra einpacken.
3. Auf geht's zum Spaziergang. Vorsicht beim Eingießen, der Kakao ist heiß. Ihr könnt ihn unterwegs trinken (Achtung: nicht kleckern) oder eine Pause einlegen und euch dabei in Ruhe umsehen.

Heißer Kakao schmeckt draußen viel besser.

MEHR ZEIT?

- Heißer Kakao wärmt nicht nur beim Spazierengehen, sondern auch beim Rodeln oder Eislaufen.
- Mehrere Eltern könnten gemeinsam an der Rodelbahn eine **Kakaobar** einrichten, an der sich alle einen Becher abholen können.

AUSPROBIEREN!
Marshmallows kann man mit Zuckerschrift in Schneemänner verwandeln.

45 Min ohne Trockenzeit

FORMEN AUS SALZTEIG

Kleine Fundstücke aus der Natur werden mit Salzteig lange haltbar. Der Teig ist ganz einfach herzustellen. Dabei werden die Grob- und die Feinmotorik und auch das Verständnis für Zahlen und Mengen geschult. Und wenn ihr eure Kunstwerke noch bunt bemalt, seid ihr einen ganzen Nachmittag lang gut beschäftigt!

IHR BRAUCHT

- Kleine Fundstücke aus der Natur
- Rührschüssel
- 250 g Mehl
- 125 g Salz
- Gewürze (wahlweise)
- Lebensmittelfarbe (wahlweise)
- 240 ml Wasser
- Nudelholz
- Backpapier, Backblech
- Ausstechformen (wahlweise)
- Trinkhalm
- Backofen (wahlweise)
- Farbe und Pinsel (wahlweise)
- Bänder (wahlweise)

ANLEITUNG

1. Zuerst Blätter, Blumen, Gräser oder Samen sammeln.
2. Den Backofen (wenn er benutzt wird) auf 120 °C (niedrigste Stufe) vorheizen.
3. Mehl und Salz mischen. Wenn man Gewürze dazugibt, duftet der Teig.
4. Für bunten Teig etwas Lebensmittelfarbe in das Wasser geben.
5. Langsam das Wasser unter Salz und Mehl rühren, bis die Mischung nicht mehr klebt.
6. Jetzt wird der Teig 5–10 Minuten geknetet, bis er schön geschmeidig ist.
7. Den Teig von Hand formen oder auf einer leicht bemehlten Arbeitsfläche 1,5 cm dick ausrollen und Formen ausstechen.
8. Mit einem Trinkhalm Löcher in die Formen stechen, damit sie aufgehängt werden können.
9. Jetzt die Fundstücke in den Teig drücken. Ihr könnt sie darauf lassen oder wieder abnehmen, sodass nur Abdrücke zurückbleiben.
10. Backpapier auf das Backblech legen. Die Formen darauflegen und 3 Stunden backen. Ihr könnt sie auch 48 Stunden an der Luft trocknen lassen. Nach der Hälfte der Zeit umdrehen.
11. Die trockenen Formen bemalen und mit Bändern aufhängen.

Vor dem Trocknen kann man mit Besteck **Muster** in den Salzteig drücken.

AUSPROBIEREN!
Wählt zur
Jahreszeit
passende Formen
und hängt sie auf.

30 Min–
2 Std

SCHNEE BEMALEN

Im Frühjahr, Sommer und Herbst ist es draußen bunt, aber im Winter sieht man nur ab und zu einen Vogel oder ein paar rote Beeren an den Sträuchern. Schnee muss aber nicht weiß sein. Man kann ihn anmalen! Wenn es draußen zu kalt ist, geht das sogar in der Badewanne oder in einer großen Plastikschüssel.

IHR BRAUCHT

- Schnee
- Kleine Schüsseln oder Quetschflaschen
- Wasser
- Lebensmittelfarbe
- Pinsel, Pipetten (wahlweise)
- Sprühflasche mit Wasser (wahlweise)

ANLEITUNG

1. Sehr lockerer Schnee muss zuerst festgeklopft werden, damit er sich leichter bemalen lässt.
2. Kleine Schüsseln oder Quetschflaschen mit Wasser und einigen Tropfen Lebensmittelfarbe füllen. Kräftig rühren oder schütteln. Vorsicht, Lebensmittelfarbe kann Flecken auf der Kleidung hinterlassen.
3. Jetzt mit dem Pinsel, den Pipetten oder den Quetschflaschen malen. Ihr könnt einfach ein flaches Bild in den Schnee zaubern. Oder wollt ihr den Schnee lieber formen und dann bunt anmalen? Wie wäre es mit einer Schildkröte? Oder einem riesengroßen Schneeball mit buntem Mosaikmuster? Auch eine Schatzkarte oder ein Gruß an die Nachbarn können viel Spaß machen.

Statt Lebensmittelfarbe könnt ihr auch andere **ungiftige Farbe** verwenden.

NOCH MEHR IDEEN

- Das Malen mit einer **Pipette** ist ein gutes Training für die Feinmotorik.
- Sprüht bemalte Flächen mit Wasser ein und schaut, wie die Farben **verlaufen.**
- Malt nur mit den **Primärfarben** Rot, Blau und Gelb und beobachtet, welche Mischfarben daraus entstehen.

AUSPROBIEREN!

Ein Schneemann sieht mit einer bunten Verzierung viel lustiger aus.

EIN STERNBILD ERFINDEN

Vor vielen Tausend Jahren haben die alten Griechen den Sternbildern Namen von Figuren aus ihren Sagen gegeben. Wäre es nicht toll, selbst Bilder am Himmel zu suchen und sich für sie Namen auszudenken?

STERNE GUCKEN

Geht abends, wenn es dunkel ist, ins Freie und schaut zum Himmel. Findet ihr Sterne, die eine Form oder ein Muster bilden – vielleicht Tiere oder Menschen bei einer Tätigkeit?

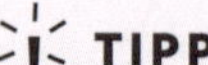

TIPP

- In **kalten, wolkenlosen** Nächten sind die Sterne besonders gut zu sehen. Zieht euch warm an!

In einer ganz klaren Nacht kann man bis zu **6000 Sterne** sehen.

DIE STERNZEICHEN

Welche Sterne ihr seht, hängt von der Jahreszeit ab, aber auch davon, ob ihr euch auf der nördlichen oder südlichen Halbkugel der Erde befindet. Die Bilder zeigen vier der zwölf Sternkreiszeichen, die schon vor Tausenden von Jahren ihre Namen bekamen.

Widder: Dieses Sternbild sieht aus wie ein Schafsbock mit krummen Hörnern.

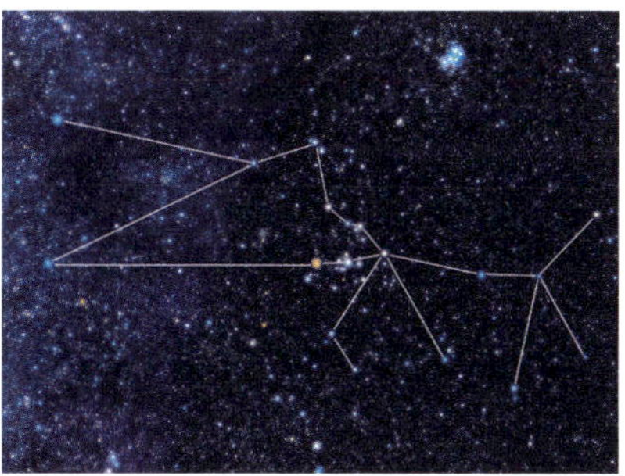

Stier: In dieser Anordnung von Sternen erkannten die alten Griechen einen Stier.

Zwillinge: Die Zwillinge sind hier gut zu erkennen.

Krebs: Findest du, dass dieses Sternbild wie ein Krebs aussieht?

MEHR ZEIT?

- Überlegt euch **Themen** (Sport, Tiere, Werkzeuge, berühmte Menschen) und sucht passende Sternbilder!
- Jeder erfindet fünf Sternbilder. **Stimmt dann ab,** welches das schönste ist.

TIPP

- An den Tagen um Neumond reflektiert der Mond besonders wenig Licht. Dann ist der Himmel dunkler, und die Sterne wirken heller. Deshalb kann man sie jetzt am besten beobachten.

2–3 Std

EIS-BAUKLÖTZE

Aus selbst gemachten Eis-Bauklötzen könnt ihr bunte Türme bauen. Solange es kalt genug ist, könnt ihr immer wieder damit spielen und sogar neue Bauklötze machen. Aber keine Sorge: Falls es wärmer wird und der Turm schmilzt, könnt ihr beim nächsten Frost einfach einen neuen bauen.

IHR BRAUCHT

- Milchkartons, leere Plastikbecher, Aluminiumformen
- Kaltes Wasser
- Lebensmittelfarbe (wahlweise)
- Blütenblätter oder Zitrusscheiben (wahlweise)
- Warmes Wasser
- Flache Schale, etwas größer als die Behälter

ANLEITUNG

1. Die Behälter mit kaltem Wasser füllen.
2. Lebensmittelfarbe, Blütenblätter, Zitrusscheiben oder eine Mischung davon in alle oder einige Behälter geben. Vorsicht, Lebensmittelfarbe kann Flecken auf der Kleidung hinterlassen.
3. Die Formen nach draußen stellen, bis das Wasser gefroren ist. Das kann mehrere Tage dauern.
4. Die Behälter kurz in die Schale mit warmem Wasser stellen. Dann lassen sich die Eisklötze leicht aus den Formen nehmen.
5. Jetzt aus den Klötzen einen Turm bauen. Dabei kann man feuchten Schnee als Mörtel zwischen die Eisblöcke geben oder die Eisblöcke anfeuchten. Am besten hält der fertige Turm, wenn man ihn mit kaltem Wasser einsprüht oder übergießt. Das muss vielleicht mehrmals wiederholt werden.

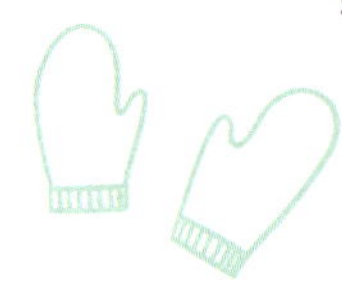

NOCH MEHR IDEEN

- Wenn es draußen nicht so kalt ist, kann man aus Eiswürfeln **Minitürme** bauen. Dafür gibt man einfach Wasser und Blüten oder Farbe in Eiswürfelbehälter und stellt sie ins Gefrierfach.

Wasser in **Luftballons** gefriert zu runden Klötzen mit flachen Böden.

AUSPROBIEREN!
Wie hoch
könnt ihr den
Turm bauen, bevor
er einstürzt?

AUSPROBIEREN!
Startet aus eurer Burg heraus eine Schneeball-schlacht!

2–5 Std

BUNTE EISBURG

Ein Iglu im Garten oder Park ist ein toller Blickfang. Eigentlich sind Iglus und Eisburgen weiß. Aber damit im Winter nicht alles so trist aussieht, macht es viel mehr Spaß, Gebäude aus Eisblöcken in allen Regenbogenfarben zu bauen.

IHR BRAUCHT

- Schnee
- Wasser
- Brotbackformen
- Lebensmittelfarbe
- Löffel

ANLEITUNG

1. Wenn der Wetterbericht mehrere kalte Tage ankündigt, viele bunte Eisblöcke gefrieren lassen (siehe Seite 16).
2. Vor dem Bau ist es hilfreich, auf dem Boden die Form des Gebäudes vorzuzeichnen. Vielleicht muss dafür etwas Schnee weggeräumt werden.
3. Jetzt wird gebaut – ein Iglu, eine Burg mit Zinnen oder was ihr möchtet.
4. Schnee zwischen den Eisblöcken sorgt wie Mörtel dafür, dass die Bausteine gut zusammenhalten. Für die Kuppel eines Iglus müssen die Eisblöcke schräg aufeinandergesetzt werden. Baut Schicht für Schicht, aber vergesst den Eingang nicht.
5. Jetzt kann ein Abenteuerspiel beginnen. Vielleicht wollt ihr die Burg mit Schneebällen angreifen und verteidigen. Und wenn eine Wand zu Bruch geht, halb so schlimm: Dann baut ihr sie einfach wieder auf.

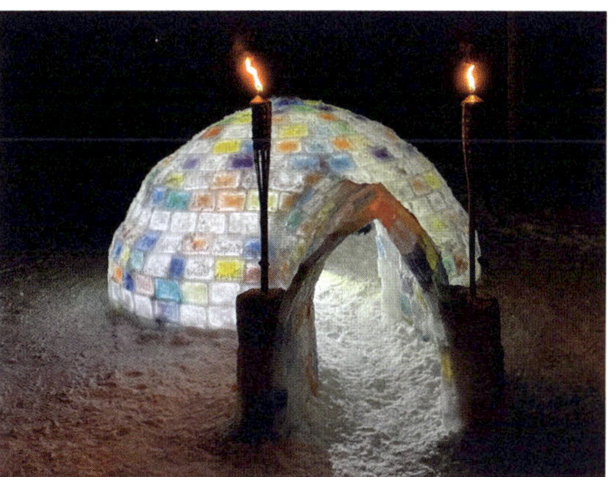

Im Dunkeln scheint das Licht einer **Taschenlampe** durch die Wände des Iglus.

MEHR IDEEN

- Gießt etwas Wasser über die Mauern. Wenn es nachts gefriert, sind sie am nächsten Tag noch **haltbarer.**

30 Min–
3 Std

WINTERFEUER

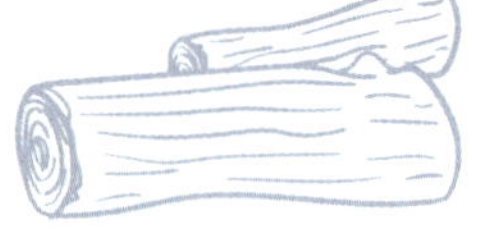

Vielleicht habt ihr schon einmal im Sommer auf einem Campingplatz am Lagerfeuer gesessen, Würstchen gegrillt, Lieder gesungen und bis in die Nacht Geschichten erzählt. Aber auch im Winter sorgt ein Lagerfeuer für zauberhafte Stimmung, und man kann sich herrlich daran wärmen.

IHR BRAUCHT

- Große Steine
- Trockenes Anzündholz
- Kaminanzünder (wahlweise)
- Streichhölzer oder Feuerzeug
- Feuerholz
- Trockene Sitzgelegenheiten und Wolldecken (wahlweise)
- Marshmallows und lange Spieße oder Stäbe (wahlweise)
- Wasser zum Löschen

ANLEITUNG

1. Für das Feuer braucht ihr einen freien, sicheren Platz. Darüber dürfen keine Äste hängen, und ihr müsst euch rundherum gut bewegen können. Den Schnee festtreten.
2. Aus zwei Reihen von Steinen oder Holzscheiten eine Plattform bauen.
3. Ein Ring aus Steinen um die Plattform sorgt dafür, dass sich das Feuer nicht ausbreiten kann.
4. Einen Haufen Anzündholz (oder Baumnadeln, dünne Zweige, Zeitungspapier, Pappe) auf die Plattform legen. Mit Kaminanzündern geht es noch leichter.
5. Jetzt das Feuer mit Streichhölzern oder einem Feuerzeug anzünden. Wenn es brennt, größere Zweige oder Holzscheite nachlegen.
6. Tagsüber kann man sich am Feuer aufwärmen, abends kann man daran gemütlich sitzen.
7. Zum Schluss das Feuer mit Wasser vollständig löschen.

Hört mal, wie das Feuer prasselt und knistert!

⚠ SICHERHEIT!

- Immer die **örtlichen Bestimmungen** einhalten.
- **Ein Erwachsener** muss immer dabei sein.
- Kein Feuer an **windigen Tagen!**
- **Niemals** ein Feuer unbeaufsichtigt lassen.

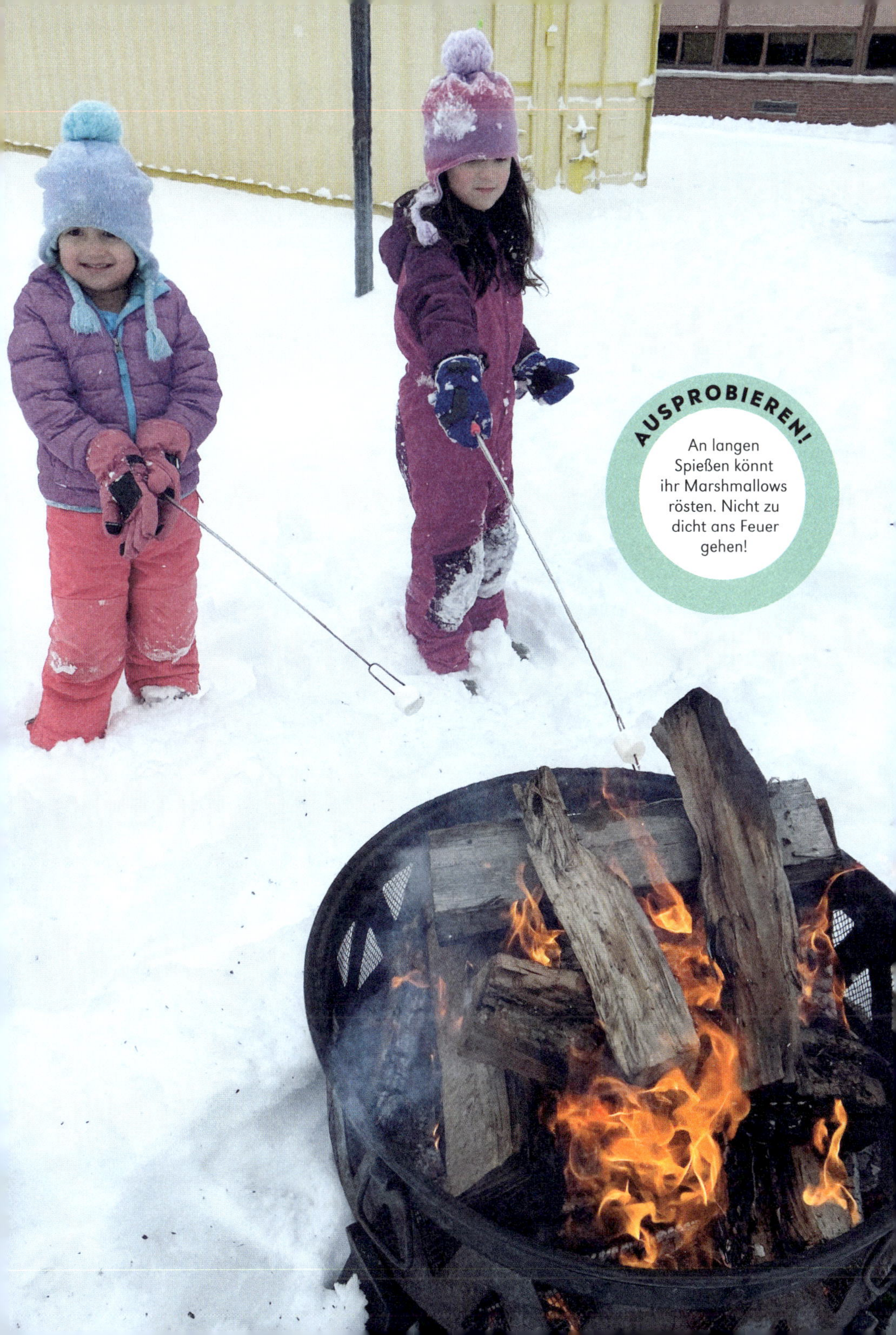
AUSPROBIEREN!
An langen Spießen könnt ihr Marshmallows rösten. Nicht zu dicht ans Feuer gehen!

45 Min–
2 Std

SCHNEETORTE

Schneetorten kann man in allen Größen und Formen bauen. Das macht Spaß, und so eine Torte sieht im Garten toll aus. Wenn man sie mit Körnern und Früchten verziert, haben auch die Tiere im Winter etwas davon. Mit etwas Glück kann man Vögel oder Hasen beim Naschen beobachten.

IHR BRAUCHT

- Schnee
- Tierfutter zum Verzieren: Beeren, Nüsse, Samen, Früchte, Vogelfutter, Gemüse
- Formen oder Behälter (wahlweise)
- Palette und anderes Werkzeug zum Verzieren von Torten (wahlweise)

ANLEITUNG

1. Zuerst aus Schnee die Grundform der Torte bauen. Sie kann rund oder eckig sein und so viele Etagen haben wie eine Hochzeitstorte. Ihr könnt auch Schnee in einer besonderen Form gefrieren lassen, so wie hier die beiden oberen Stockwerke.
2. Die Oberfläche der Torte mit einer Palette, einer Schaufel oder mit Handschuhen glatt streichen.
3. Jetzt verziert ihr die Torte, indem ihr aus eurem Material Sterne, Herzen, Blätter oder andere Muster bildet.
4. Wenn die Torte einige Tage im Garten steht, schaut nach, ob Vögel oder andere Tiere ihre Spuren hinterlassen haben.

MEHR ZEIT?

- Baut eine **winzige Torte** für Mäuschen. Oder veranstaltet einen **Wettbewerb:** Wer baut die höchste Torte?
- Baut **gemeinsam mit Freunden** eine Schneetorte. Und danach gibt es drinnen eine echte Torte zum Essen!

AUSPROBIEREN!
Aus Orangen-
schalen kann
man Formen zur
Verzierung aus-
schneiden.

WINTERSPAZIERGANG

Ein Spaziergang ist langweilig? Von wegen! Im Winter gibt es draußen vieles zu entdecken, was man in anderen Jahreszeiten nicht zu sehen bekommt – auch wenn es nicht geschneit hat.

WARM ANZIEHEN

Wenn es kalt ist, dauert das Anziehen länger. Am besten zieht ihr mehrere Schichten übereinander, um schön warm zu bleiben. Die Schicht direkt auf der Haut sollte aus einem Material bestehen, das trocken hält.

MEHR SPASS GEMEINSAM

Nehmt Freunde, Geschwister oder den Hund mit. Stapft zusammen durch die Landschaft und schüttelt Schnee von den Ästen. Wenn ihr müde werdet, lauscht den Vögeln oder schaut zu, wie die Schneeflocken durch die Luft tanzen.

Auch ganz **kleine Kinder** dürfen mit nach draußen.

Mit **wasserdichten Hosen** könnt ihr euch in den Schnee setzen.

SPANNENDE FUNDE

Jede Jahreszeit hat ihre Geheimnisse. Für die Suche nach dem Besonderen im Winter müsst ihr wahrscheinlich gar nicht so weit gehen. Wenn ihr Eiszapfen entdeckt, könnt ihr jeden Tag nachmessen, ob sie länger oder kürzer geworden sind.

Nehmt eine **Lupe** mit und schaut euch eure Entdeckungen ganz genau an.

EISZAPFEN

Manche Eiszapfen sind glatt, rund und gerade. Andere bekommen durch Wind und Niederschlag ganz andere Formen. Sucht solche seltsam geformten Eiszapfen und überlegt gemeinsam, woran ihre Form euch erinnert.

Wie viele **seltsam geformte Eiszapfen** könnt ihr finden?

AM WASSER

Unternehmt einen Ausflug ans Wasser. Wenn es nicht gefroren ist, könnt ihr Tiere beobachten. Seht ihr Enten oder Schwäne? Könnt ihr Fische erkennen? Wenn die Oberfläche gefroren ist, geht nicht darauf! Das Eis könnte brechen.

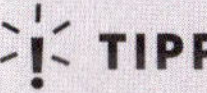

TIPP

- Auch im Winter sorgen frische Luft und Sonnenlicht für **gute Laune.**

Schaut immer wieder nach, ob Gewässer in der Nähe **zufrieren.**

30 Min ohne Wartezeit

EIERKÖPFE

Diese kleinen Kerle sind lehrreich und machen zugleich Spaß! Aus leeren Eierschalen vom Kochen werden lustige Köpfe, denen grüne Haare wachsen. Die Frisur hängt davon ab, welche Samen benutzt werden. Und was bei einem Haarschnitt abfällt, schmeckt auf dem Butterbrot, im Salat oder in einer Suppe.

IHR BRAUCHT

- Leere, saubere Eierschalen
- Permanentmarker, Kreidestifte oder Wackelaugen und Klebstoff
- Samen (z. B. Rucola, Kresse, Radieschen, Chia, Mungobohnen, Luzerne, Oregano, Basilikum)
- Wattebäusche oder Blumenerde
- Eierkarton oder Tablett mit Steinchen (damit die Eier gerade stehen)
- Topf mit kochendem Wasser (wahlweise)

ANLEITUNG

1. Die Eier vorsichtig auf der spitzen Seite aufschlagen, sodass mindestens die Hälfte der Schale heil bleibt. Aus den Eiern etwas Leckeres kochen.
2. Die Schalen vorsichtig innen und außen waschen. Ein Erwachsener kann die Schalen auch eine Minute auskochen, damit sie blitzsauber sind.
3. Die Eierschalen bemalen oder mit Wackelaugen bekleben.
4. Jetzt füllt man die Eierschalen zu zwei Dritteln mit feuchter Watte oder Blumenerde (am besten draußen, falls Erde herunterfällt). Nach dem Hantieren mit Erde die Hände waschen.
5. Die Samen auf die Watte streuen oder dicht unter der Oberfläche der Erde verteilen.
6. Die Eier wieder in den Karton oder auf das Tablett mit Steinchen setzen.
7. An einen sonnigen Platz stellen und ab und zu gießen – aber nicht zu viel, weil das Wasser aus den Eierschalen nicht ablaufen kann. Nach 3–5 Tagen sollte sich das erste Grün zeigen.
8. Sobald die Sprossen länger werden, ist ein Haarschnitt an der Reihe. Manche Sprossen wachsen danach weiter.
9. Wenn die Pflanzen dauerhaft wachsen sollen, knackst man die Eierschalen an, entfernt die Watte und die Aufkleber und setzt sie in ein Beet oder einen größeren Topf mit Erde. Eierschalen enthalten Kalzium, das dem Gartenboden guttut.

AUSPROBIEREN!
Mit Wackel-
augen sehen
die Eierschalen
noch lustiger
aus.

30 Min–
1,5 Std

BIENENWACHS-LICHTER

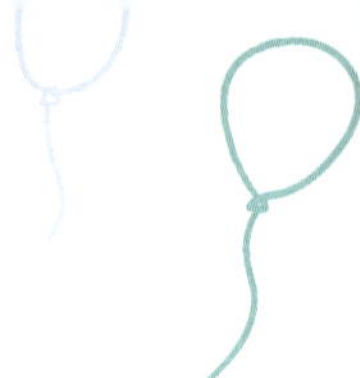

Bienenwachs ist ein tolles Material, weil es sich immer wieder einschmelzen und für etwas Neues benutzen lässt. Natürlich kann man in diese kleinen Lichter keine Kerze stellen, sonst würden sie ja schmelzen. Wir verwenden einfach ein Teelicht mit Batterie.

IHR BRAUCHT

- Bienenwachs
- Topf und alte Schüssel
- Luftballon oder Orange
- Laub, Baumnadeln (wahlweise)
- Gepresste Blüten (wahlweise)
- Seidenpapier (wahlweise)
- Schere, Kleber
- Teelicht mit Batterie

ANLEITUNG

1. Zuerst das Bienenwachs in einer alten Schüssel über einem Topf mit kochendem Wasser schmelzen. Das sollte ein Erwachsener erledigen, weil das Wachs sehr heiß wird.
2. Einen Luftballon aufblasen, bis er ungefähr so groß wie eine Orange ist, und zuknoten. Ihr könnt auch eine Orange verwenden.
3. Den Ballon mindestens bis zur Hälfte ins flüssige Wachs tauchen, aber nicht ganz eintauchen. Die Orange nur bis zur Hälfte eintauchen, damit man sie nachher aus dem Wachs lösen kann.
4. Jetzt Ballon oder Orange auf eine ebene Fläche stellen und das Wachs trocknen lassen.
5. Mehrmals wiederholen, bis eine dicke, stabile Wachsschicht entstanden ist. Wenn die letzte Schicht fest ist, den Ballon aufschneiden und herausziehen oder die Orange herauslösen.
6. Gesammelte Blätter oder Tannennadeln und/oder gepresste Blüten aus dem Sommer (siehe Seite 132) auf die Außenseite kleben. Ihr könnt auch Blumen aus Seidenpapier ausschneiden.
7. Die Lichter auf den Balkon oder die Terrasse stellen. Batterie-Teelichter hineingeben und einschalten, wenn es dunkel wird.
8. Vielleicht möchtet ihr draußen im Lichterschein eine Gutenachtgeschichte erzählen?

AUSPROBIEREN!
Eine Gruppe aus mehreren Bienenwachslichtern sieht noch schöner aus.

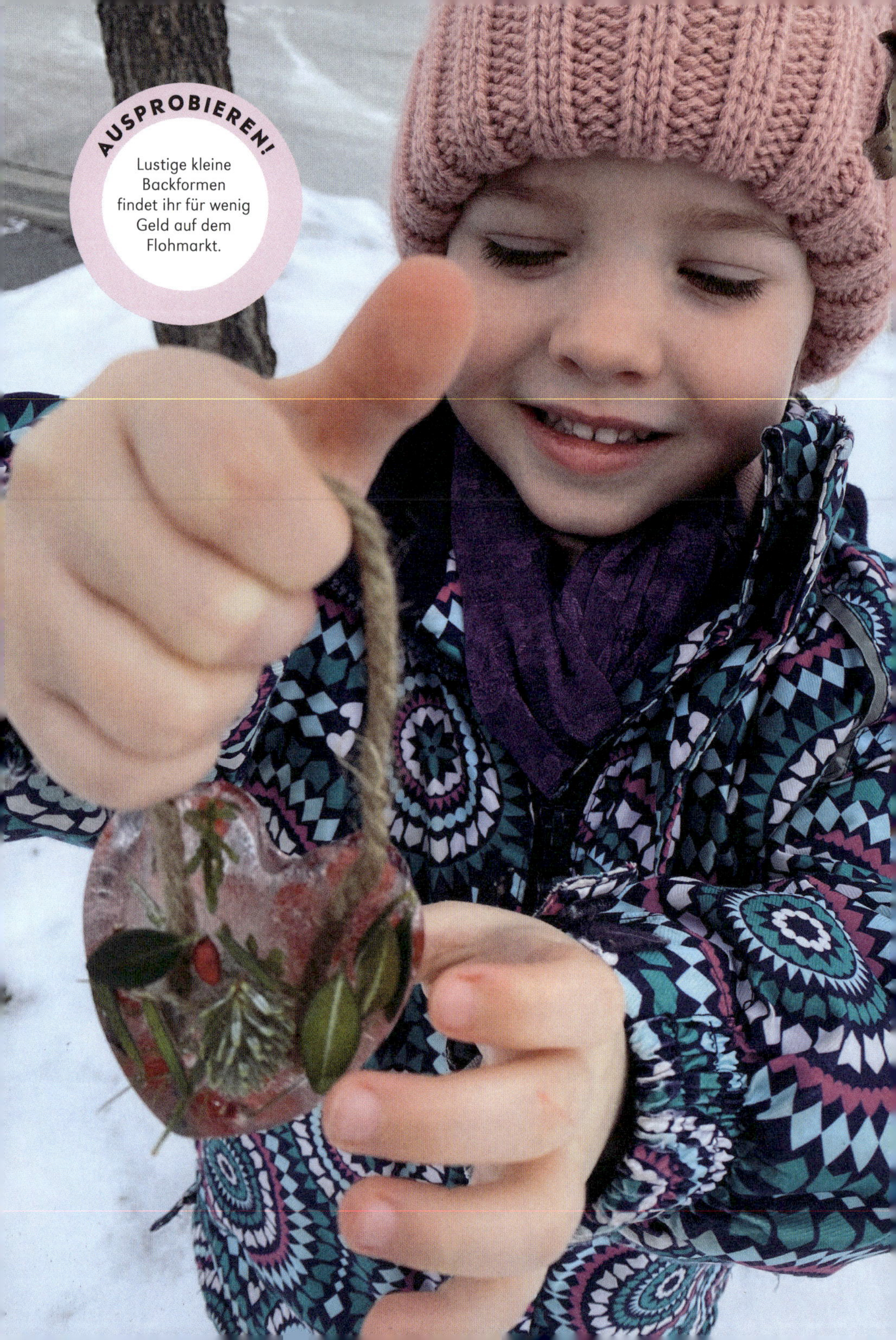
AUSPROBIEREN!
Lustige kleine Backformen findet ihr für wenig Geld auf dem Flohmarkt.

30 Min ohne Wartezeit

EIS-ANHÄNGER

Wenn im Winter die Sonne scheint, glitzern und funkeln diese Anhänger so wunderschön, dass man sie gar nicht übersehen kann. Das macht gerade in den dunklen Monaten viel Freude. Und es ist spannend, sie aus den Formen zu nehmen und zu sehen, wie sie geworden sind. Wenn sie schmelzen, könnt ihr einfach neue herstellen.

IHR BRAUCHT

- Kleine Backförmchen
- Wasser
- Blütenblätter, Beeren, Samen, Blätter
- Schnur oder Band
- Schere
- Frost (oder Tiefkühlfach)
- Schale mit warmem Wasser

ANLEITUNG

1. Eine dünne Schicht Wasser in die Förmchen geben (ca. 1 cm).
2. Die Naturmaterialien ins Wasser legen. Sie dürfen die Förmchen nicht ganz ausfüllen, damit Licht durchscheinen kann.
3. Für jedes Förmchen eine Schlaufe aus Band formen und beide Enden ins Wasser legen. Das ist nicht nötig, wenn die Form ein Loch hat (wie eine Gugelhupfform).
4. Die Formen nach draußen oder ins Tiefkühlfach stellen. Draußen müssen die Formen unter einem Dach stehen, damit kein Schnee hineinfallen kann. Nach 12–24 Stunden sollte das Eis fest sein.
5. Die Formen 15–20 Sekunden in eine flache Schale mit warmem Wasser stellen. Dadurch schmilzt die äußere Eisschicht, und sie lösen sich leicht. Die Anhänger aus den Formen nehmen. Bitte nicht fallen lassen: Die Anhänger sind zerbrechlich.
6. Anhänger mit Loch noch mit einer Schnur zum Aufhängen austatten.
7. Nun die Anhänger draußen an einen sonnigen Platz hängen, zum Beispiel an einen Baum. Ihr könnt auch eine Schnur spannen und sie wie eine Girlande daran aufhängen.

Je dünner die Eisschicht, desto **mehr Licht** fällt hindurch.

45 Min

MUSIK MACHEN

Kinder sind gern laut, und das dürfen sie draußen auch mal sein. Beim Klopfen gegen verschiedene Haushaltsgegenstände lernen sie, wie durch Bewegung – genau genommen Schwingungen – Töne entstehen. Das Musizieren eignet sich für kleine Kinder, die schon selbstständig sitzen können. Aber auch größere Kinder haben ihren Spaß daran.

IHR BRAUCHT

- Haushaltsgegenstände wie Sieb, Backofengitter, Blechdosen, Kuchenformen, Töpfe, Pfannen oder hängende Kellen und Löffel
- Trommelschlägel – zum Beispiel Stöcke, Löffel aus Holz oder Metall, Kartoffelstampfer
- Behälter für die Trommelschlägel (wahlweise)

ANLEITUNG

1. Zuerst mehrere Instrumente aus der Küche zusammentragen, die möglichst verschiedene Geräusche machen. Dabei sollte ein Erwachsener helfen.
2. Zusätzlich können auch Klanginstrumente verwendet werden, zum Beispiel ein Windspiel oder ein Xylophon.
3. Jetzt wird musiziert. Versucht, zwei oder drei Instrumente gleichzeitig oder nacheinander mit den Trommelschlägeln anzuschlagen. Probiert auch aus, wie es klingt, wenn ihr an verschiedenen Stellen mit den Schlägeln klopft und wenn ihr mal ganz vorsichtig und dann kräftig dagegenschlagt.
4. Am Ende die Instrumente und Trommelschlägel so aufbewahren, dass man sie immer wieder benutzen kann. Wenn sie praktisch verstaut und schnell zur Hand sind, können Kinder jahrelang Spaß an diesem Spiel haben.

Für eine **Musikwand** hängt man die Instrumente in verschiedenen Höhen auf.

NOCH MEHR IDEEN

- Wie wäre es mit einer **»Schrott-Band«**, in der jedes Familienmitglied ein Instrument bekommt? Welche Lieder könnt ihr spielen?
- Spielt über Lautsprecher Musik ab und trommelt den **Rhythmus** dazu.

AUSPROBIEREN!

Ihr könnt Haushaltsgegenstände auch an einer langen Schnur aufhängen.

MATSCHCAFÉ

Kinder spielen gern Café oder Restaurant, und das geht auch im Winter mit Schnee oder Matsch. Mit Fundstücken aus der Natur können die »Köstlichkeiten« dekoriert werden.

WINTERBÄCKEREI

Sammelt Kleinigkeiten im Freien oder nehmt Spielzeug mit nach draußen. Auf einem alten Backblech kann man Schneepizza backen und in Muffinformen süßes Gebäck, das mit Beeren oder Blättern verziert wird.

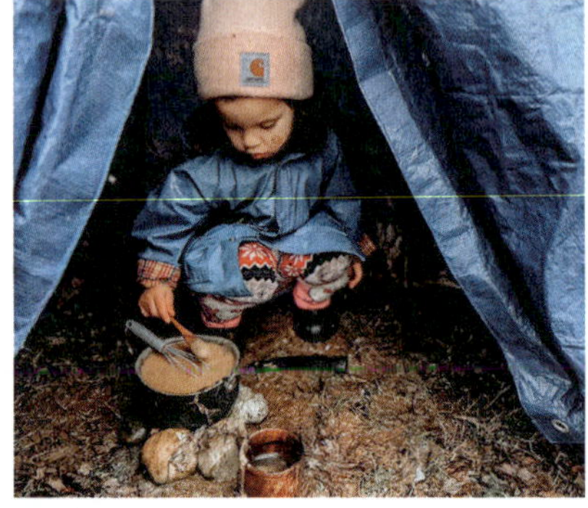

Eine einfache **Plane** wird zum Bäckereizelt.

Auf dem **Flohmarkt** bekommt man Küchenutensilien für wenig Geld.

MATSCHMENÜ

Bei Tauwetter gibt es Matsch in Hülle und Fülle – genau richtig für eine große Schüssel mit leckerer Matschsuppe. Wenn ihr den Matsch noch mehr verdünnt, könnt ihr ihn auch in einen Krug füllen und als erfrischenden Matschsaft servieren.

Es ist nicht schlimm, wenn ihr euch dabei **schmutzig** macht!

UNKRAUTSALAT

Im Sommer könnt ihr jede Menge tolle Sachen auftischen: blühende Blumen, junge Pflänzchen, frische Blätter und sogar Unkraut. Sammelt sie in einem Korb und ordnet sie hübsch auf Tellern an.

Im Sommer kann man viele **kunterbunte Gerichte** erfinden.

TIPP

- In jeder Jahreszeit gibt es andere Zutaten. Wer sich genau umschaut, entdeckt jede Menge davon.

HERBSTSCHMAUS

Wenn sich das Laub verfärbt und von den Bäumen fällt, gibt es Blättersalat mit Eicheln zu knackigem Baumrindenbrot. Da werden die Testesser ganz sicher begeistert sein.

Aus einer alten Spüle kann man eine tolle **Matschküche** für den Garten bauen.

30 Min

SCHNEEVULKAN

Dieser spannende Vulkanausbruch eignet sich für kleine Forscher jedes Alters und auch für Gruppen, von der Pfadfindertruppe bis zu den Gästen einer winterlichen Geburtstagsfeier. Wenn es nicht geschneit hat, kann man den Vulkan auch aus Sand oder Pappmaschee bauen oder nur das Glas mit der sprudelnden Mischung verwenden.

IHR BRAUCHT

- Schnee (einen großen Haufen)
- Hohes Glas oder festen Becher
- 1 EL Geschirrspülmittel
- 60 g Speisenatron
- 60 ml warmes Wasser
- Lebensmittelfarbe
- 240 ml Essig
- Kleine Schaufel (wahlweise)

ANLEITUNG

1. Aus dem Schnee einen Vulkan formen und schön glatt streichen.
2. In der Mitte des Vulkans mit den Händen einen Krater formen. Er muss so groß sein, dass der Becher hineinpasst.
3. Den Becher vorsichtig in den Vulkan stellen. Ihr könnt auch zuerst den Becher aufstellen und dann den Vulkan rundherum aufbauen. Den Schnee gut andrücken, damit der Becher nicht umkippt.
4. Geschirrspülmittel, Natron und warmes Wasser in den Becher füllen.
5. Lebensmittelfarbe dazugeben. (Vorsicht, sie macht Flecken auf Händen und Kleidung!) Ihr könnt verschiedene Farbkombinationen ausprobieren.
6. Nun den Essig in den Becher gießen, schnell zurücktreten und zuschauen, wie der Vulkan ausbricht. Je mehr Essig ihr hineingebt, desto stärker wird der Vulkanausbruch. Und je kleiner die Öffnung des Bechers ist, desto höher spritzt es. Haltet Abstand, wenn eure Kleidung keine Flecken bekommen soll.
7. Ihr könnt den Becher mehrmals füllen und schauen, wie sich die Farben mischen. Vielleicht wollt ihr auch mehrere Vulkane nebeneinander ausbrechen lassen.

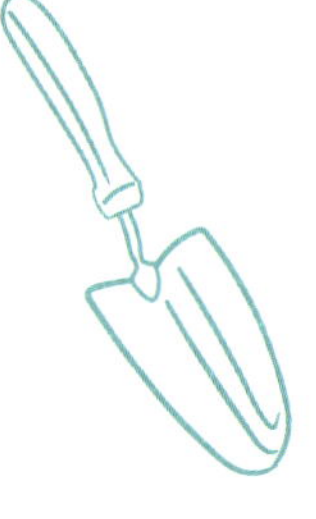

NOCH MEHR IDEEN

- Teilt den Becher mit Pappe in zwei Hälften. Gebt in die beiden Hälften **verschiedene Farben** und schaut, was passiert. Rot und Gelb sehen fast aus wie echte Lava!

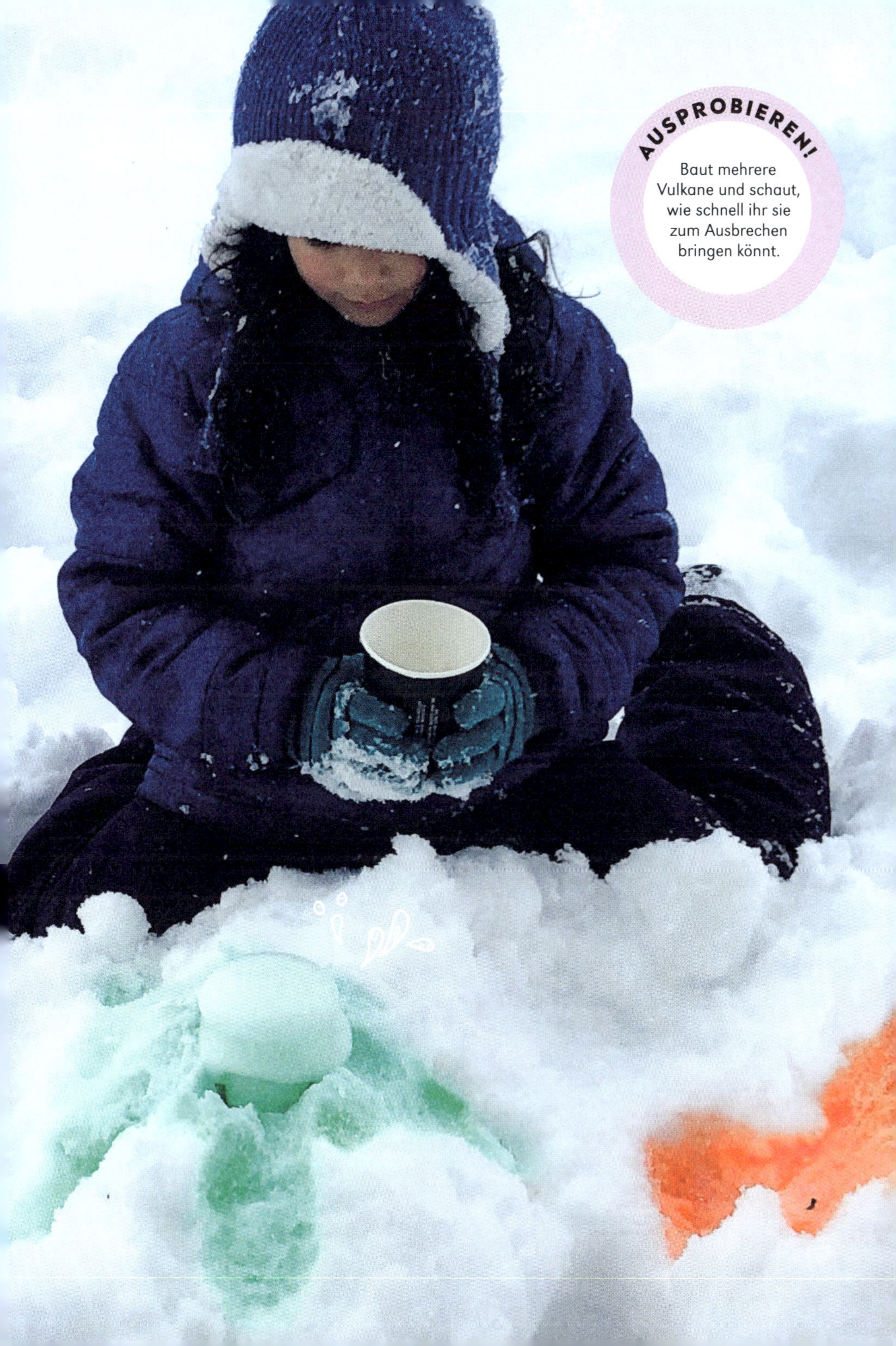
AUSPROBIEREN!
Baut mehrere Vulkane und schaut, wie schnell ihr sie zum Ausbrechen bringen könnt.

1–2 Std

GESCHICHTENSTEINE

An diesem Spiel haben Kinder und Erwachsene ihren Spaß. Zuerst müssen die Steine bemalt werden. Dann erfindet man allein oder gemeinsam Geschichten zu den Steinen. Jeder davon kann eine Wendung in der Handlung bringen – da gibt es immer neue Möglichkeiten.

IHR BRAUCHT

- Glatte, flache Steine in verschiedenen Größen (größere Steine sind für kleine Kinder leichter zu bemalen)
- Permanentmarker, Lackmalstifte oder Acrylfarben und Pinsel
- Verdünnten Bastelleim und Aufkleber
- Bilder aus Zeitschriften oder Stoffreste (wahlweise)
- Korb, Beutel oder anderen Behälter

ANLEITUNG

1. Zuerst Lebewesen, Dinge, Hintergründe oder Muster auf die Steine malen.
2. Ihr könnt auch Aufkleber verwenden oder Bilder aus Zeitschriften drauflegen, mit verdünntem Leim überstreichen und trocknen lassen. Gut geeignet für Geschichtensteine sind zum Beispiel folgende Motive:
   - **Lebensmittel:** Obst und Gemüse, aber auch fertige Gerichte wie ein Teller mit Spaghetti
   - **Menschen:** Freunde, Familienmitglieder oder Figuren aus Büchern und Filmen
   - **Figuren:** Bauernhof- oder Zootiere, Dinosaurier, Fantasietiere oder Aliens
   - **Orte:** zum Beispiel eine Wildblumenwiese, ein Blockhaus oder ein Zelt
   - **Kleidung:** für verschiedene Jahreszeiten, z. B. Gummistiefel oder Fausthandschuhe
   - **Wetter:** Wolken, Regen, Sonne, Schnee usw.
   - **Motive aus Märchen:** Ihr dürft auch Ideen aus bekannten Geschichten stibitzen.
3. Die trockenen Steine in den Behälter legen.
4. Einzeln herausnehmen und Geschichten dazu erfinden.
5. Wenn ihr gemeinsam spielt, nimmt der Reihe nach jeder einen Stein und erzählt die Geschichte weiter.

 **MEHR ZEIT?**

- Ihr könnt euch beim Erzählen **aufnehmen** oder die Geschichte anschließend **aufschreiben.**

AUSPROBIEREN!
Nehmt viele bunte Farben. Sie regen die Fantasie an.

45 Min

EIS-SEIFENBLASEN

Seifenblasen machen zu allen Jahreszeiten Spaß. Bei Frost kann man sie sogar gefrieren lassen. Das klappt mit normaler Seifenblasenlösung, aber manche Experten schwören auch auf Extra-Zutaten. Probiert die verschiedenen Mischungen aus und überlegt, mit welcher es wohl am besten funktionieren wird – und warum.

IHR BRAUCHT

- Temperatur unter 0 °C
- Seifenblasen-Werkzeug

Mischung 1

- Gekaufte Seifenblasenmischung

Mischung 2

- 1 Teil Wasser
- 4 Teile Geschirrspülmittel
- 1 Schuss heller Maissirup

Mischung 3

- 1 Becher warmes Wasser
- 2 EL Zucker
- 2 EL heller Maissirup
- 2 EL Geschirrspülmittel

ANLEITUNG

1. Wartet auf einen sehr kalten, windstillen Tag und zieht euch warm an.
2. Wählt eine Seifenblasenmischung (oder alle drei). Das Spülmittel erzeugt die Blasen, der Sirup macht die Flüssigkeit etwas zäh, und der Zucker hilft bei der Kristallbildung.
3. Die Seifenblasenmischung(en) etwa eine halbe Stunde in den Kühlschrank stellen.
4. Jetzt an einem windgeschützten Platz im Freien Seifenblasen pusten. Wenn sie weich landen (z. B. auf Schnee), platzen sie nicht so leicht.
5. Mit etwas Geduld könnt ihr den Blasen beim Gefrieren zuschauen. Manchmal sind mehrere Versuche nötig, bis eine richtig schöne Blase entsteht.

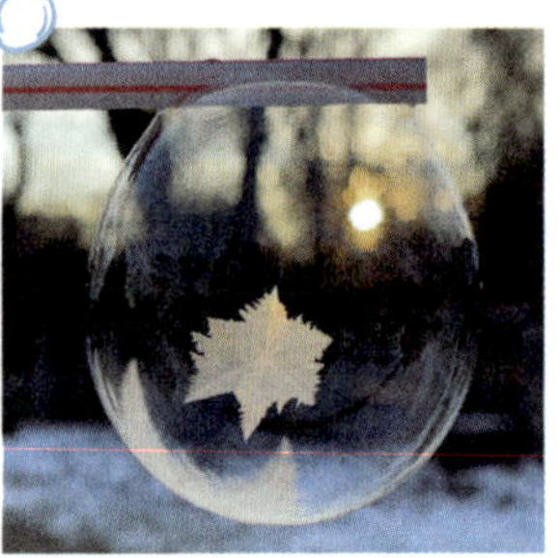

Jede Seifenblase hat ein anderes Eisblumenmuster.

NOCH MEHR IDEEN

- Versucht einmal, ein **Video in Zeitlupe** von einer gefrierenden Seifenblase zu drehen.
- Ihr könnt auch probieren, mehrere Seifenblasen **aufeinanderzustapeln**.

AUSPROBIEREN!
Probiert Pustestäbe in verschiedenen Größen aus. Verändern sich die Muster?

AUSPROBIEREN!
Statt Garn könnt ihr auch eine dünne Metall-kette mit Sternen benutzen.

2 Std

LATERNEN

Ein Spaziergang in der Dunkelheit ist eine aufregende Sache (siehe Seite 44). Im Gegensatz zu Taschenlampen spenden Laternen nur schwaches Licht, sodass sich die Augen an die Dunkelheit gewöhnen müssen. Laternen sehen auch auf der Terrasse schön gemütlich aus und sind ein tolles Geschenk.

IHR BRAUCHT

- Dickes Aquarellpapier, ca. 20 x 50 cm
- Aquarellfarben oder -stifte
- Pinsel
- Olivenöl
- Schere
- Tacker und Klammern
- Klebstoff
- Seidenpapier
- Pappe
- Locher
- Wollfaden
- Langen Stock (wahlweise)
- Batterie-Teelichter

ANLEITUNG

1. Eine Seite des Aquarellpapiers bunt bemalen.
2. Nach dem Trocknen das Papier mit Olivenöl einpinseln. Dadurch wird es etwas durchsichtiger und lässt das Licht schön durchscheinen.
3. Das Papier an einer langen Seite in Abständen von 5 cm einschneiden – immer etwa 10 cm tief.
4. Vorsichtig Formen aus dem Papier ausschneiden, z. B. einen Mond, einen Stern oder ein Herz. Seidenpapier hinter die Ausschnitte kleben.
5. Das Papier zu einem Zylinder rollen oder im rechten Winkel zur langen Seite dreimal in gleichen Abständen falten, um ein hohes Prisma zu erhalten.
6. Jetzt tackert ein Erwachsener die Ränder der Laterne zusammen.
7. Die eingeschnittenen Laschen umfalten und zusammenkleben, dann Pappe als Boden einkleben.
8. Am oberen Rand zwei Löcher stanzen, den Wollfaden durchziehen und verknoten.
9. Die Laterne an den Stock binden.
10. Zuletzt das Batterie-Teelicht in die Laterne stellen.

Bei Laternen aus Schraubgläsern und **Seidenpapier** befestigt man am Deckel eine Schlaufe.

NACHTWANDERUNG

In der Dämmerung und Dunkelheit kann man ganz andere Dinge sehen, riechen und hören als am Tag. Selbst Wege, die man gut kennt, fühlen sich im Dunkeln vollkommen anders an.

SCHNEE IM DUNKELN

Ob auf Skiern oder zu Fuß: Wenn man auf den Weg leuchtet, glitzert der Schnee. Und weil es in der Dunkelheit meistens still ist, hört sich das Knirschen des Schnees viel lauter an.

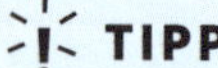

TIPP

- Eine Nachtwanderung muss gut vorbereitet und von einem Erwachsenen begleitet werden. Vergesst nicht, eine Taschenlampe als Ersatz einzupacken.

Schon eine einzige Lampe kann einen langen Weg **beleuchten.**

LATERNENLAUF

Mit selbst gebastelten Laternen macht eine Nachtwanderung besonders viel Spaß. Auf Seite 43 wird erklärt, wie ihr Laternen basteln könnt. Jemand kann mit einer Taschenlampe vorweggehen, um den Weg zu beleuchten. Dahinter kommen die Laternen mit ihrem warmen, gelben Licht.

Selbst gebastelte Laternen werfen ein warmes, **gemütliches Licht.**

GRUSEL-WANDERUNG

Wickelt euch doch einmal Leuchtbänder um die Fuß- und Handgelenke oder um den Kopf. Ihr könnt sie auch auf den Körper kleben, sodass ihr wie leuchtende Skelette ausseht. Ganz schön gruselig!

Nehmt ein Video von den bunten **Skeletten** in der Dunkelheit auf.

WUNDERKERZEN

Mit Wunderkerzen kann man Bilder und Muster in die Luft malen. Zieht Handschuhe an, denn die Funken können wehtun. Für das Anzünden der Wunderkerzen ist ein Erwachsener zuständig.

Wer malt die meisten **Buchstaben** oder **Zahlen,** bevor die Wunderkerze ausgeht?

30 Min

FENSTERBILDER

Es ist wunderbar, das Sonnenlicht einzufangen. Diese Kunstwerke aus der Natur werden in Stickrahmen an ein Fenster gehängt, damit das Licht hindurchfallen kann. Solche Bilder kann man zu allen Jahreszeiten basteln und die Naturmaterialien verwenden, die es zur jeweiligen Zeit gerade gibt.

IHR BRAUCHT

- Stickrahmen
- Bleistift
- Durchsichtige Klebefolie
- Schere
- Flache Naturmaterialien wie Blätter oder gepresste Blüten (siehe Seite 132)
- Band oder Schnur

ANLEITUNG

1. Den inneren Umriss des Stickrahmens auf die Papierseite der Klebefolie zeichnen. Sorgfältig ausschneiden.
2. Dann aus der restlichen Folie ein Rechteck ausschneiden, das etwas größer ist als der innere Ring.
3. Das Papier abziehen und das Rechteck mit der klebenden Seite nach oben auf den Tisch legen. Den inneren Ring darauflegen.
4. Die Naturmaterialien im Ring hübsch anordnen und andrücken.
5. Das Papier von der runden Folie abziehen. Die Folie mit der Klebeseite nach unten auf die Naturmaterialien legen und andrücken. Die Naturmaterialien liegen jetzt zwischen zwei Lagen Folie.
6. Den äußeren Ring des Stickrahmens aufsetzen und die Schraube festziehen. Die überstehende Folie sorgfältig abschneiden.
7. Eine Schlaufe aus Band oder Schnur an der Schraube des Stickrahmens befestigen und das fertige Bild damit an einem Fenster aufhängen.

MEHR ZEIT?

- Stickrahmen gibt es in **verschiedenen Größen,** z. B. 10 cm, 13 cm und 15 cm. Bastelt doch mehrere Bilder und hängt sie als Gruppe in ein sonniges Fenster.

NOCH MEHR IDEEN

- Ihr könnt auch Motive aus **Seidenpapier** ausschneiden und einrahmen.
- Bastelt **für jede Jahreszeit** ein Fensterbild und vergleicht die verschiedenen Materialien.

AUSPROBIEREN!

Wo die Blätter einander überlappen, sehen die Grüntöne im Licht dunkler aus.

SCHNEE-ENGEL

5–10 Min

Es macht Spaß, sich an einem Wintertag flach auf dem Rücken in den Schnee zu legen und in den Himmel zu schauen. Dabei kann man auch einen tollen Abdruck im Schnee hinterlassen – als wäre ein Engel zu Besuch gekommen. Wie es gemacht wird, erklären wir hier.

IHR BRAUCHT

- Schnee – so hoch, dass man die Erde oder das Gras darunter nicht sieht
- Dicke, warme, wasserdichte Kleidung

ANLEITUNG

1. Zuerst eine Fläche mit unberührtem Schnee suchen. Die Schicht sollte mindestens 10 cm dick und oben schön locker sein. In schwerem, festem Schnee kann man sich nicht so gut bewegen.
2. Nun in den Schnee setzen. Dann hinlegen und die Arme und Beine ausstrecken. Wenn der Schnee sehr hoch ist, kann man sich auch einfach rückwärts fallen lassen.
3. Die Arme und Beine mehrmals bewegen wie ein Hampelmann. Dadurch entsteht im Schnee ein Abdruck, der wie ein Engel mit Flügeln und langem Gewand aussieht.
4. Den Kopf fest in den Schnee drücken, denn auch der Engel hat einen Kopf.
5. Jetzt vorsichtig aufstehen und mit einem großen Satz wegspringen, damit neben dem Engel keine Fußabdrücke im Schnee entstehen. Das ist der schwierigste Teil!

Es geht auch ohne Schnee, zum Beispiel in **Sand, Blättern oder hohem Gras.**

MEHR IDEEN

- Mit **Nüssen, Eicheln oder Stöcken** könnt ihr dem Engel ein Gesicht legen.
- **Bemalt** eure Schnee-Engel (siehe Seiten 12 und 13).
- Wer schafft in 5 Minuten **die meisten** Schnee-Engel?

AUSPROBIEREN!

Für den Abdruck bewegt man die Arme auf und ab, aber nicht bis über den Kopf.

MONDPHASEN

Der Mond verändert seine Form nicht, aber von der Erde aus betrachtet sieht er immer wieder anders aus. Wir sehen nur den Teil, der von der Sonne angestrahlt wird und ihr Licht reflektiert.

ERNTEMOND

Manchmal sieht der Mond klein und weit entfernt aus, aber im September scheint er der Erde ganz nah. Das ist der Erntemond, den es nur einmal im Jahr gibt. Früher war er wichtig für die Bauern, weil sie in seinem Licht bis in die Nacht hinein ernten konnten.

MEHR IDEEN

- In den meisten Jahren gibt es **12-mal Vollmond,** in manchen Jahren auch 13-mal. Schaut im Kalender nach, wie viele Vollmonde es dieses Jahr sind.

Erntemond über Washington in den USA

DER MONDKREISLAUF

Wer die Form des Monds beobachtet, lernt auch etwas über den Rhythmus der Natur. Jeden Monat durchläuft der Mond acht Mondphasen.

Ein vollständiger Mondkreislauf dauert **29,5 Tage.**

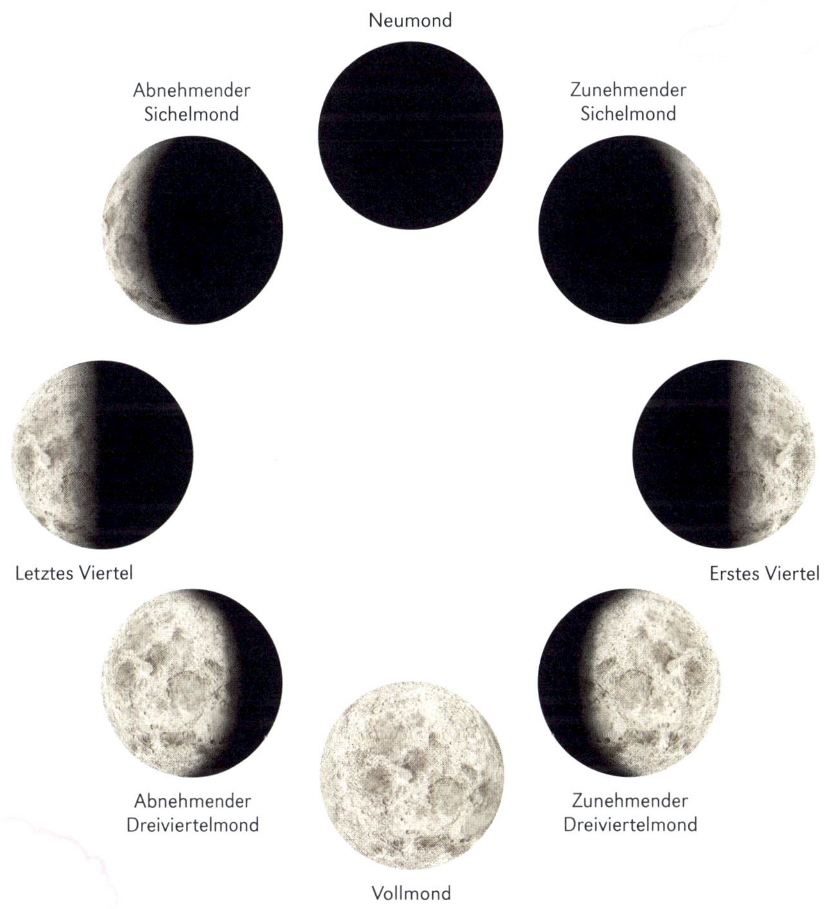

GUT ZU WISSEN

- Vom Mond aus betrachtet durchläuft auch **die Erde verschiedene Phasen** – je nachdem, wie viel Sonnenlicht sie reflektiert.
- Bei Vollmond und Neumond steigt das **Meer bei Flut** besonders hoch und sinkt **bei Ebbe** besonders tief.

45 Min ohne Wartezeit

VOGELKEKSE

Vogelgezwitscher ist schön anzuhören, und es macht Spaß, Vögel zu beobachten. Das sind gute Gründe, mehr Vögel in den Garten einzuladen. Solche Kekse kann man zu allen Jahreszeiten herstellen, aber gerade im Winter können die Vögel eine Extraportion Futter gut gebrauchen. Natürlich sehen die Kekse an kahlen Bäumen auch hübsch aus.

IHR BRAUCHT

- Kochtopf
- Herd
- 120 ml Wasser
- 280–420 g Vogelfutter
- 60 g Gelatinepulver
- Löffel
- Ausstechformen
- Backpapier
- Papp-Trinkhalme, in 5 cm lange Stücke geschnitten
- Schnur, Bindfaden oder Band

ANLEITUNG

1. Das Wasser auf dem Herd zum Kochen bringen. Dabei sollte ein Erwachsener helfen.
2. Vom Herd nehmen und die Gelatine unterrühren, bis sie aufgelöst ist.
3. 280 g Vogelfutter unterrühren. Wenn die Mischung noch flüssig ist, löffelweise mehr Vogelfutter dazugeben.
4. Die Ausstechformen auf ein Stück Backpapier legen.
5. Die Futtermischung in die Ausstechformen füllen und gut andrücken.
6. Die Trinkhalmstücke dort hineindrücken, wo die Löcher sein sollen.
7. Über Nacht fest werden lassen.
8. Die Ausstechformen und die Trinkhalme vorsichtig entfernen. Bänder durch die Löcher fädeln und die Kekse draußen aufhängen.
9. Die Bänder wieder einsammeln, wenn das Futter aufgefressen ist.

Vogelfutter-Kekse in **lustigen Formen** sind ein schönes **Geschenk** für Bekannte (und für die Vögel).

NOCH MEHR IDEEN

- **Statt Gelatine** kann auch Kokosöl, Pflanzenfett oder salzfreie Erdnussbutter verwendet werden. Solche Kekse bleiben bei kaltem Wetter am besten in Form. Ihr könnt auch die Idee auf der rechten Seite ausprobieren.

AUSPROBIEREN!
Mit Erdnussbutter klebt man Futter auf Pappe. Zur Befestigung dient eine Wäscheklammer.

VÖGEL FÜTTERN

In Winter, wenn Nahrung knapp ist, wagen sich Vögel manchmal nah an uns Menschen heran. Wer viel Geduld hat, kann sie vielleicht sogar aus der Hand füttern und dabei ganz aus der Nähe beobachten. Nach dem Kontakt mit Vögeln muss man sich gründlich die Hände waschen.

STILL HALTEN

Wer Vögel füttern will, muss ganz still halten und leise sein. Vögel bekommen Angst und fliegen weg, wenn wir uns bewegen oder Lärm machen.

FUTTER AUF DER MÜTZE

Wenn Vögel nicht auf der Hand landen, könnt ihr versuchen, etwas Vogelfutter auf eure Mützen zu legen. Vielleicht traut sich ein mutiger Vogel heran.

Vögel sitzen nicht lange still. Haltet die **Kamera** bereit.

Eine **Mütze** hält den Kopf warm und kann mit Vogelfutter bestreut werden.

MEHR ZEIT?

- Unternehmt mit Bekannten einen Spaziergang und packt Vogelfutter ein. Sieger ist, wer **die meisten Vögel** auf seine Hand lockt.

FUTTERSTELLEN

Für scheue Vögel könnt ihr eine Futterstelle bauen. Wie wäre es zum Beispiel mit einer Plastikschüssel, die von einem Schneemann gehalten wird? Das sieht lustig aus und lockt im Winter bestimmt viele Vögel an.

TIPP

- Ihr könnt **Vogelfutter** auch selbst mischen, zum Beispiel aus Sonnenblumenkernen und gehackten Erdnüssen.

WER FRISST WAS?

Unter unseren heimischen Vögeln gibt es Körnerfresser, Weichfutterfresser und Allesfresser. Mit etwas Geduld kann man beobachten, welche Gartenvögel was fressen. Die Kolibris in Amerika ernähren sich von Blütennektar. Für ihre schnellen Flügelschläge brauchen sie viel Energie.

Der spendable **Schneemann** lockt auch Eichhörnchen und andere Tiere an.

Kolibris freuen sich über Futterstellen mit **Zuckerwasser.**

KRISTALLKUNDE

20–30 Min

Aus der Nähe betrachtet ist jede Schneeflocke einzigartig. Es gibt zwar sieben Grundformen, aber jede einzelne Flocke sieht anders aus. Wer das nicht glaubt, kann einfach warten, bis es schneit, und sich dann mehrere Flocken ganz genau ansehen. Ansonsten klappt es auch ohne Schnee mit Eiskristallen aus dem Tiefkühlfach.

IHR BRAUCHT

- Schneeflocken
- Schwarzes oder dunkelblaues Papier

ANLEITUNG

1. Wenn es schneit, schnell mit einem Stück dunklem Papier nach draußen laufen.
2. Das Papier hat sich in der warmen Wohnung erwärmt. Darum muss man etwa 10 Minuten warten, bis es ganz kalt ist.
3. Das Papier auf eine ebene, möglichst trockene Fläche legen, damit es nicht gleich durchweicht.
4. Wenn Schneeflocken auf das Papier fallen, kann man die verschiedenen Grundformen leicht erkennen: Platten, sternförmige Kristalle, Säulen, Nadeln, verzweigte Strahlen und unregelmäßige Teilchen.

Auch auf dem Eis kann man verschiedene **Muster** erkennen.

NOCH MEHR IDEEN

- Wenn es nicht schneit, könnt ihr **Kunstschnee** selbst herstellen – bitte draußen, weil ihr euch dabei schmutzig macht. Dafür verknetet man 450 g Natron in einer Schüssel mit Rasierschaum, bis eine Masse entsteht, die sich wie Schnee anfühlt.

AUSPROBIEREN!
Auf dunklem Hintergrund sieht man die Feinheiten einer Schneeflocke am besten.

AUSPROBIEREN!
Verziert die Kuchen mit bunten Beeren. Aber bitte nicht essen: Manche Beeren sind giftig.

30–60 Min

MATSCHKUCHEN

Zum Glück sind die Zeiten vorbei, in denen Kinder nicht im Matsch spielen durften. Der Umgang mit Matsch macht riesigen Spaß und schult die Feinmotorik. Außerdem lernen die Kinder verschiedene Konsistenzen kennen. Also ran an Eimer und Förmchen!

IHR BRAUCHT

- Feinkörnige Erde
- Wasser
- Eimer zum Anrühren
- Sand- oder Backförmchen
- Eimer und Schaufeln (wahlweise)
- Naturmaterialien zum Verzieren, z. B. Steinchen, Blüten, Blätter, Beeren und Stöcke

ANLEITUNG

1. Die Erde im Eimer mit der gleichen Menge Wasser vermischen.
2. Die Mischung mit den Händen umrühren und kneten, bis sie sich ungefähr wie Pizzateig anfühlt.
3. Wenn der Matsch zu nass ist, mehr Erde zugeben. Ist er zu trocken, mehr Wasser hinzufügen.
4. Mit den Händen kneten, bis die Mischung die Form hält.
5. Wer möchte, kann in weiteren Eimern noch festeren oder weicheren Matsch zusammenrühren – vielleicht für Schokoladensauce oder Zuckerguss?
6. Jetzt den Matsch in die Förmchen drücken, stürzen und verzieren.

Stellt die Förmchen in die Sonne, damit der Matsch **fest wird.** Dann lassen sich die Kuchen noch besser stürzen.

NOCH MEHR IDEEN

- Wie wäre es zur Abwechslung mit **Matschkeksen?** Backt große und kleine mit verschiedenen Garnierungen.
- Versucht mal einen **Doppeldecker:** Zwei flache Kuchen mit einer Schicht aus dünnen Stöcken dazwischen.

15 Min

KUNTERBUNTE EISPLATTEN

Berühmte Künstler wie Vincent van Gogh und Pablo Picasso haben auf Leinwand gemalt. Aber man kann auch auf Eis malen! Nehmt einfach den Wasserfarbenkasten mit nach draußen und zaubert tolle, kunterbunte Kunstwerke. Sie halten, bis die Sonne das Eis zum Schmelzen bringt.

IHR BRAUCHT

- Eisplatten
- Wasserfarben (keine anderen!)
- Pinsel in verschiedenen Größen
- Becher für die Farbe
- Wasser zum Auswaschen der Pinsel

ANLEITUNG

1. Sucht draußen nach zugefrorenen Pfützen und nehmt vorsichtig die Eisplatten ab. Ihr könnt sie auch in Stücke brechen.
2. Die Eisplatten an eine Mauer oder einen Zaun lehnen.
3. Jetzt wird gemalt. Wenn die Farben am Eis herunterlaufen, mischen sie sich, und es entstehen neue Farben.
4. Unbedingt das Kunstwerk fotografieren, bevor es schmilzt.
5. In warmen Wintern kann man die Eisplatten auch in einer großen, flachen Schüssel im Tiefkühlfach herstellen und anschließend im Freien bemalen. Die Bilder halten dann allerdings nicht so lange.

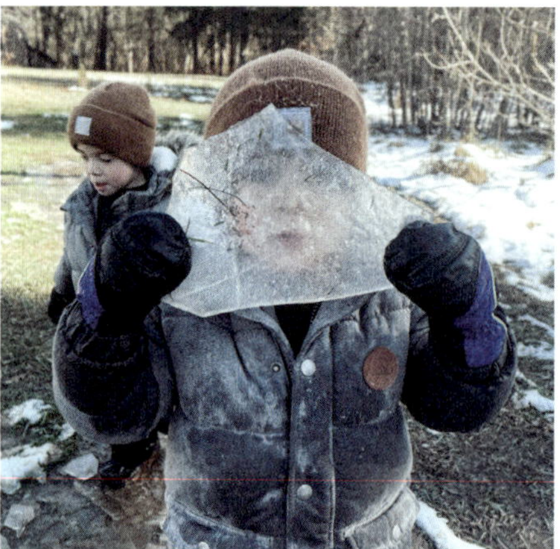

Beim Gefrieren bilden sich im Eis **Muster,** die ein Teil des Bilds werden können.

NOCH MEHR IDEEN

- Bemalt kleine Eisstücke und markiert damit **einen Weg** durch den Garten.
- Wer schafft es, das **größte Eisstück** von einer Pfütze abzunehmen?

AUSPROBIEREN!

Ihr könnt die Eisplatten auch senkrecht in hohen Schnee stecken.

BAUMSCHMUCK

30 Min–
2 Std

Einen Baum kann man mit vielen verschiedenen Dingen aus dem Haus schmücken, aber auch mit kleinen Köstlichkeiten, die Tieren im Winter als Nahrung dienen. Das Basteln trainiert die Feinmotorik, und der fertig geschmückte Baum sieht toll aus. Wichtig ist, dass der Schmuck für die Tiere ungefährlich ist, falls er einmal herunterweht.

IHR BRAUCHT

- Stabile, wetterfeste Gegenstände zum Schmücken
- Rosinen, getrocknete Feigen oder Pflaumen
- Dicke Nähnadel
- Garn
- Schere
- Pfeifenreiniger
- Große Frühstücksflocken
- Zitrusscheiben (vorher trocknen, siehe unten)
- Popcorn und Cranberrys

ANLEITUNG

1. Mehrere Trockenfrüchte mit einer Nadel auffädeln. Kleinere Kinder können Frühstücksflocken auf Pfeifenreiniger fädeln.
2. Durch jede Zitrusscheibe einen Faden ziehen. Es tropft weniger, wenn man sie vorher trocknet.
3. Aus Popcorn und Cranberrys abwechselnd lange Girlanden oder kürzere Ketten fädeln.
4. Gekaufte, gesammelte und selbst gemachte Dekorationen zusammentragen und den Baum damit schmücken. Wenn dafür eine Leiter notwendig ist, sollte ein Erwachsener sie festhalten.

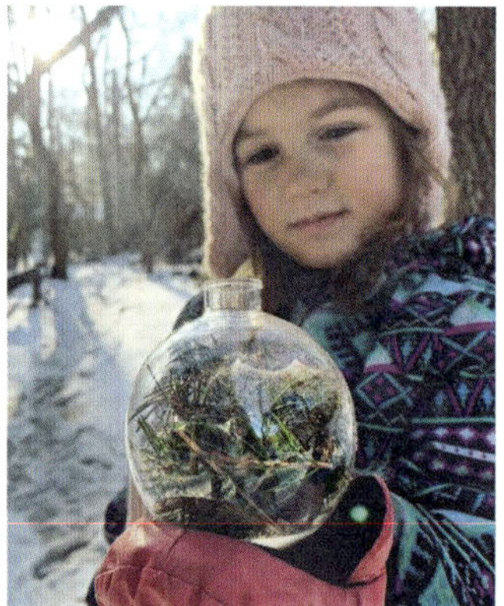

Es gibt **durchsichtige Kugeln,** die man öffnen kann. Füllt sie mit schönen Fundstücken aus der Natur.

MEHR ZEIT?

- **Zitrusscheiben trocknen:** Den Backofen auf die niedrigste Stufe stellen (70–90 °C). Alufolie auf ein Blech legen und mit Öl einpinseln. Die Zitrusfrüchte in 5 mm dünne Scheiben schneiden und im Ofen auf der Folie 3–4 Stunden trocknen. Alle 30 Minuten wenden.

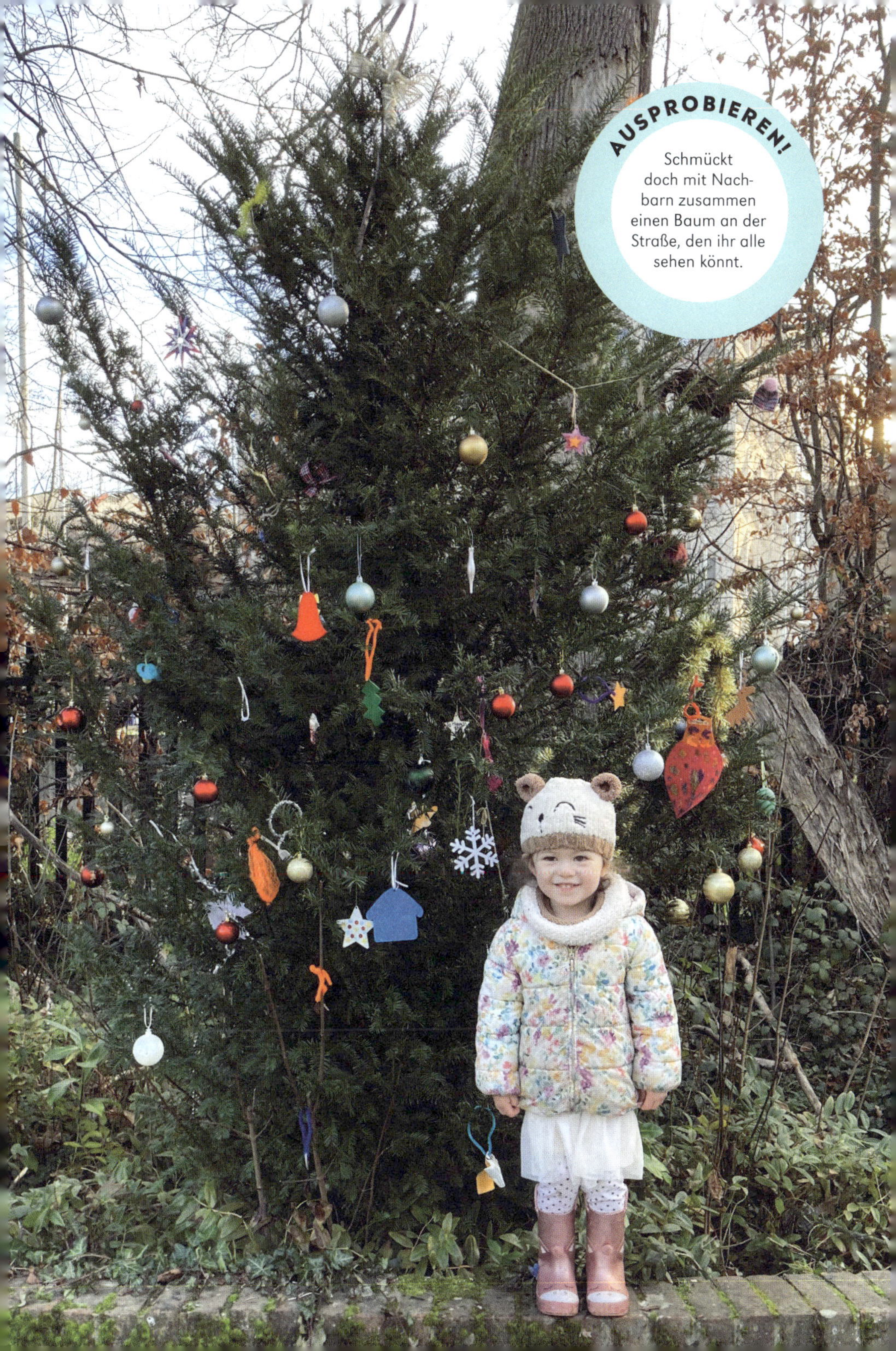

AUSPROBIEREN!

Schmückt doch mit Nachbarn zusammen einen Baum an der Straße, den ihr alle sehen könnt.

RAUS BEI RAUREIF

Wenn der Frost kommt, muss die Gartenarbeit ruhen. Aber früh am Morgen sieht der Garten oft wunderschön aus – wie mit glitzerndem Puderzucker bestreut.

VÖGEL IM WINTER

In den kalten Wintermonaten fliegen viele Vögel in den warmen Süden (siehe Seite 262), aber einige bleiben auch hier. Wenn die Bäume keine Blätter tragen, kann man sie gut sehen und beobachten.

GUT ZU WISSEN

- Raureif gibt es nur, wenn es tagsüber so warm ist, dass Feuchtigkeit in der Luft entsteht. Wenn sie nachts gefriert, schlägt sie sich als Raureif überall nieder.

Die Beeren einer Eberesche haben **Seidenschwänze** angelockt.

DIE WETTERLAGE

Wer auf Frost wartet, hört oder liest am besten abends die Wettervorhersage. Wenn der Wind nur schwach weht und die Temperatur unter 0 °C sinkt, wird es am nächsten Morgen voraussichtlich Raureif geben. Das ist noch wahrscheinlicher, wenn es in einer Gegend oft neblig ist.

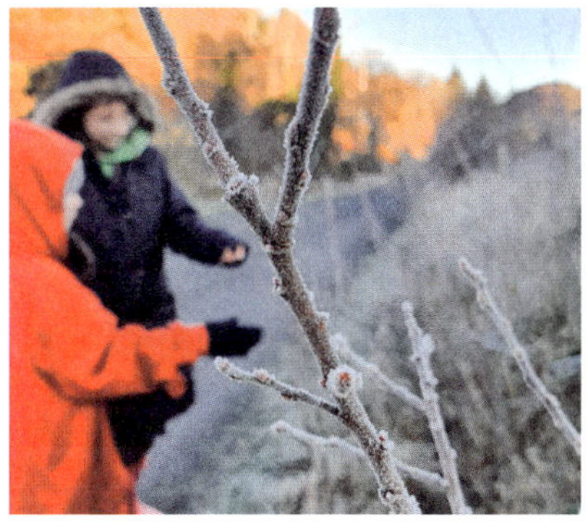

Der **Raureif** überzieht die Äste wie Zuckerguss.

MEHR ZEIT?

- Sucht einmal nach **Frostblüten!** Sie sind ganz weiß und bestehen aus Raureif. Die blumenartigen Gebilde entstehen, wenn Pflanzenstiele eine dünne Eisschicht durchstoßen, die sich dann verformt.

FRÜH AUFSTEHEN

Wer Raureif sehen will, muss sich den Wecker früh stellen und aufstehen, bevor die Sonne das Eis auftauen lässt. Zieht euch warm an und geht in den Garten. Raureif ist ein Erlebnis für die ganze Familie und bringt alle zum Staunen.

GENAU HINSCHAUEN

Manche Zweige sind mit einer glatten, durchsichtigen Eisschicht überzogen. Auf anderen kann der Raureif wie ein eisiger Pelz wirken. Auf einfachen Glasscheiben bilden sich manchmal Eisblumen.

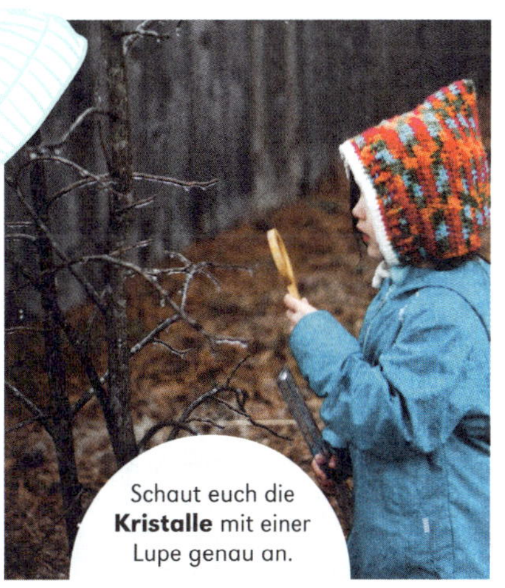

Schaut euch die **Kristalle** mit einer Lupe genau an.

Raureif kann wie eisiger Pelz aussehen.

30–60 Min

OBSTGIRLANDE

Viele Vögel fressen gern Obst. Rotkehlchen, Meisen, Spechte, Eichelhäher und andere mögen Früchte, die ihr vielleicht in der Küche habt: Äpfel, Birnen, Orangen, Weintrauben oder Beeren. Legt große Früchte nicht im Ganzen nach draußen, sondern serviert sie in kleinen Stücken, von denen die Vögel gut picken können.

IHR BRAUCHT

- Äpfel oder Birnen in Stücken, Orangen in Scheiben, ganze Weintrauben und Beeren
- Faden oder dünne Schnur
- Schere
- Dicke Nähnadel

ANLEITUNG

1. In ein Ende der Schnur einen Knoten machen. Das andere Ende in die Nadel einfädeln.
2. Jetzt das Obst auffädeln. Dafür sticht man die Nadel einfach mitten durch Weintrauben, Beeren, Apfel- oder Birnenstücke. Bei Orangenscheiben fädelt man die Schnur in der Nähe der Schale durch das Fruchtfleisch und auf der anderen Seite in der Nähe der gegenüberliegenden Schale wieder heraus. Wenn man verschiedene Früchte abwechselnd auffädelt, entstehen Muster.
3. Sobald eine Kette fertig ist, die Nadel vom Faden nehmen und sicher verstauen. Eine Schlaufe ins Ende des Fadens knoten.
4. Die Kette draußen an einem gut sichtbaren Platz aufhängen und beobachten, welche Vögel zum Fressen kommen.

Drückt **Vogelfutter** an die feuchten Obstscheiben.

NOCH MEHR IDEEN

- Ihr könnt die Obstscheiben auch auf **Holzspieße** stecken und draußen aufhängen.
- Schreibt in ein **Notizbuch,** welche Vögel zum Futter kommen. Schaut im Internet nach, was sie gern fressen.
- Notiert, welche Früchte **zuerst** aufgefressen werden. Hängt beim nächsten Mal mehr davon auf.

AUSPROBIEREN!
Mit einem doppelten Faden wird die Futterkette noch stabiler.

SCHNEETIERE

1–3 Std

Wenn es schneit, werden überall Schneemänner gebaut – manchmal auch Schneefrauen. Aber was ist mit anderen Wesen? Mit Waldwichteln, Moorgeistern, wilden Tieren aus fernen Ländern? All das kann man auch aus Schnee formen, und bestimmt werden bald die Nachbarn am Gartenzaun stehen und staunen.

IHR BRAUCHT

- Schnee
- Schaufeln
- Stöcke, Blätter, Steinchen, Baumzapfen, Mülleimerdeckel ...

ANLEITUNG

Es geht los wie bei einem normalen Schneemann: Dicke Schneekugeln rollen, zusammensetzen, in Form bringen und glatt streichen. Statt eines Schneemanns könnt ihr aber Tiere bauen, zum Beispiel:

- **Schnee-Schildkröte:** Einen großen Mülleimerdeckel als Grundform benutzen. Das Muster mit einem Stock in den Panzer ritzen.
- **Schnee-Elefant:** Riesengroße Schneekugeln rollen. Vereiste Zweige für den Rüssel und die Stoßzähne benutzen.
- **Schnee-Rentier:** Dafür braucht man Zweige als Geweih.
- **Schnee-Seehund:** Den Körper so formen, dass er an einem Ende dünner und am anderen dicker ist. Vielleicht könnt ihr dem Seehund eine große Schneekugel auf die Nasenspitze setzen?

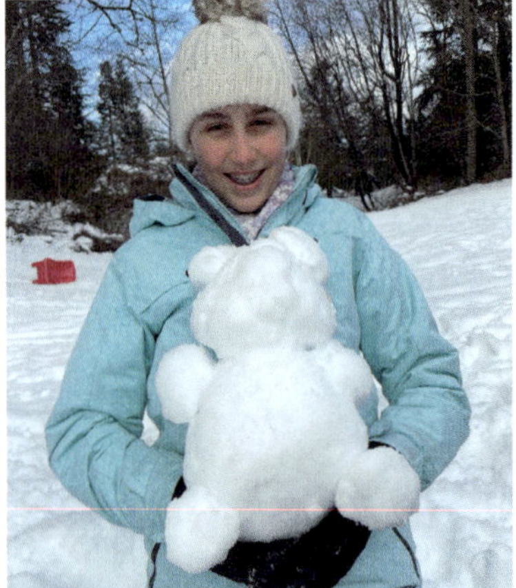

Wie wäre es mit einem **kleinen Schneetier,** das du tragen kannst?

NOCH MEHR IDEEN

- Baut doch eine ganze **Herde kleiner Schnee-Schafe** für den Garten.
- Stellt einem normalen Schneemann **Waldtiere aus Schnee** zur Seite.

AUSPROBIEREN!
Gesicht, Schnurrhaare und eine leckere Knabberei dürfen nicht fehlen!

BAD IM SCHNEE

15+ Min

Bei Schnee in Badesachen nach draußen gehen? Das ist möglich! Schnee isoliert sehr gut, weil er viel Luft enthält. Darum können Menschen einen Schneesturm überleben, indem sie sich im Schnee eingraben. Unter dem Schnee bleibt die Temperatur über dem Gefrierpunkt, sogar wenn es ringsherum 30 Grad kälter ist.

IHR BRAUCHT

- Saubere Plastikbadewanne, groß genug zum Sitzen
- Schneeschieber
- Mehrere Eimer warmes Wasser

ANLEITUNG

1. In hohen Schnee mit einer Schaufel Löcher für die Wanne graben. Wenn der Schnee nicht so hoch ist, muss er um die Wanne herum aufgehäuft werden – je höher, desto besser die Isolierung.
2. Nun eimerweise warmes Wasser aus dem Haus holen und in die Wanne füllen. Dabei muss ein Erwachsener helfen. Ihr könnt warmes Wasser aus der Leitung nehmen oder heißes Wasser aus dem Wasserkocher mit kaltem Wasser mischen.
3. Jetzt Badesachen anziehen, in den Garten laufen und in die Wanne steigen.
4. Wenn es kalt wird, schnell aus der Wanne steigen. Am besten wickelt man sich in ein dickes Badetuch und geht zum Aufwärmen ins Haus. Nicht zu lange draußen bleiben, sonst kann es zu einer Unterkühlung kommen.

Vogelfutter um die Wanne lockt Vögel an, die ihr beobachten könnt.

NOCH MEHR IDEEN

- Ladet **Freundinnen und Freunde** zur Badeparty ein – natürlich in mehreren Wannen.
- Nehmt etwas **zum Knabbern** mit raus und tut so, als ob ihr in einem Saunapark seid.
- Zündet abends mit den Erwachsenen ein Feuer an und genießt ein **Mondschein-Bad** unter dem Sternenhimmel.

AUSPROBIEREN!
Bade-
wannenspiel-
zeug nicht
vergessen!

Ein Arbeitshandschuh schützt die **Haltehand** vor Verletzungen.

HOLZ BEARBEITEN

Aus Holz kann man viele nützliche Dinge herstellen. Es dauert viele Jahre, bis man das Schnitzen perfekt beherrscht. Aber man kann schon früh anfangen, die Bearbeitung zu üben und das nötige Werkzeug kennenzulernen.

HOLZ SPALTEN

Um ein großes Stück Holz zu zerkleinern, spaltet man es. Dafür eignen sich unterschiedliche Werkzeuge, zum Beispiel ein selbst gemachter Holzhammer. Weil beim Spalten Holzsplitter herumfliegen können, ist eine Schutzbrille empfehlenswert.

Das Holz **gut festhalten** und aufpassen, dass der Hammer nicht die Hände trifft.

HOLZ SÄGEN

Es gibt Sägen in vielen Formen und Größen für verschiedene Zwecke. Für saubere Sägeschnitte in Holz eignet sich eine Bügelsäge gut. Sie ist leicht, und auch Kinder kommen mit ihr zurecht. Trotzdem sollte beim Sägen immer ein Erwachsener helfen.

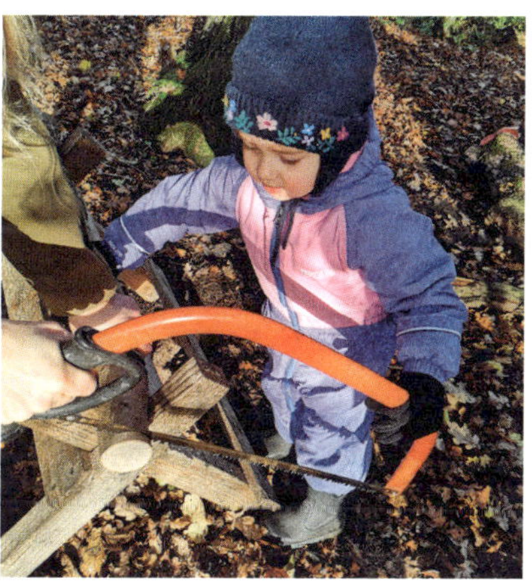

Eine einfache **Bügelsäge** ist vielseitig und kostengünstig.

SCHNITZEN

Beim Schnitzen wird das Holz mit einem Messer geformt. Man kann dafür Taschen- oder Schnitzmesser benutzen, aber sicherer ist es mit Sparschälern für Gemüse. Zum Üben spitzt man Stöcke an. Wenn das gelingt, kann man sich an schwierigere Formen wagen. Frisches Holz lässt sich am besten schnitzen.

HOLZRESTE

Holzreste sind zu schade zum Wegwerfen! Selbst kleine Stücke kann man noch zum Basteln oder Schnitzen benutzen und zum Beispiel Bauklötze daraus herstellen. Sogar Holzspäne kann man gebrauchen. Wer keine andere Verwendung für sie hat, kann sie zum Anzünden eines Feuers benutzen.

SCHNEELATERNE

1–2 Std

Wenn der Schnee nicht zu trocken ist, kann man daraus Schneelaternen formen. In Schweden nennt man sie *snölykta*. Es sieht sehr schön aus, wenn sie in der Winterlandschaft leuchten. Nehmt euch Zeit, um verschiedene Größen und Formen auszuprobieren. Beim Aufbau unterschiedlicher Laternen kann man eine Menge lernen.

IHR BRAUCHT

- Viel Schnee
- Teelichter mit Batterie

ANLEITUNG

1. Zuerst einen ebenen Platz für die Laterne suchen.
2. Die Laterne hat die Form eines Kegels. Um zu schätzen, wie viele Schneebälle ihr braucht, legt einen Kreis aus Schneebällen auf den Boden. Für jeden weiteren Kreis braucht ihr einen oder zwei Schneebälle weniger.
3. Nun jede Menge Schneebälle formen. Alle müssen ungefähr gleich groß und schön rund sein.
4. Den ersten Kreis habt ihr schon in Schritt 2 gelegt. Stellt nun eine Untertasse in die Mitte und baut aufwärts weiter. Der zweite Kreis ist etwas kleiner als der erste.
5. Jeder weitere Kreis wird wieder etwas kleiner, bis der Kegel oben geschlossen ist. Hinten muss aber eine Öffnung bleiben, durch die eine Hand passt.
6. Das Teelicht auf die Untertasse stellen. Es darf nicht direkt im Schnee stehen, sonst wird die Batterie nass.
7. Wenn ihr Teelichter mit Docht benutzen wollt, sollte ein Erwachsener das Anzünden übernehmen.

MEHR ZEIT?

- Reiht mehrere Laternen am **Weg zur Haustür** auf.
- Baut eine Schneelaterne im **Wald** oder mitten auf einem ebenen **Feld**.
- Statt eines Kegels könnt ihr auch andere Formen wählen, die oben geschlossen sind. Wie wäre es mit einer **Pyramide** mit vier geraden Wänden oder einer Kugel? Es macht Spaß, verschiedene Formen auszuprobieren.

AUSPROBIEREN!
Mit mehreren Teelichtern leuchten die Laternen heller.

KAPITEL ZWEI

FRÜHJAHR

ERSTE ENTDECKUNGEN

Bestimmte Dinge tauchen in der Natur Jahr für Jahr immer wieder auf. Obwohl wir das wissen, ist jede erste Entdeckung im Jahr ein besonderes Ereignis, über das wir uns freuen können.

ERSTE SCHNEEGLÖCKCHEN

Wenn die Schneeglöckchen blühen, ist der Frühling nicht mehr weit. Sie wachsen auf Wiesen, in Gärten und Wäldern und bilden manchmal große Teppiche. Ihre schmalen Blätter schieben sich sogar durch den Schnee in die Höhe.

Es gibt etwa **20 Arten** von Schneeglöckchen.

ERSTE BROMBEEREN

Brombeeren wachsen an Wegen und Waldrändern. Wo man im August die ersten reifen Brombeeren entdeckt, wird man noch einige Wochen lang weitere Beeren ernten können. Aber Vorsicht, die Pflanzen haben Stacheln!

Brombeeren sind zuerst grün, werden dann rosa und als reife Beeren **fast schwarz.**

ERSTES HERBSTBLATT

Blätter spenden im Sommer Schatten und rascheln schön im Wind. Im Herbst werfen viele Bäume ihre Blätter ab, um den Winter gut zu überstehen. Wenn das Laub rot und gelb wird und zu Boden fällt, wissen wir, dass bald kühleres Wetter kommt.

Man kann gut beobachten, welche **Farben** die Blätter verschiedener Baumarten bekommen.

Im Frühjahr macht die Suche nach der ersten **Pusteblume** Spaß.

BLUMEN-MANDALA

30–60 Min

Ein Mandala ist ein rundes Muster, das von der Mitte aus strahlenförmig angeordnet ist. Solche Muster gibt es auch in der Natur, zum Beispiel bei Muscheln, Spinnennetzen, Schneeflocken oder Jahresringen von Bäumen. Aus Blumen kann man bunte Mandalas legen. Dabei lernen Kinder viel über Symmetrie und den regelmäßigen Aufbau von Mustern.

IHR BRAUCHT

- Schere
- Körbchen
- Verschiedene Blumen, Blütenblätter und Blätter

ANLEITUNG

1. Zuerst verschiedene Blüten und Blätter abschneiden und in dem Körbchen sammeln.
2. Einen schönen Mittelpunkt für das Mandala aussuchen. Das kann eine große Blüte sein, aber auch ein hübscher Stein oder etwas anderes, das ins Auge fällt.
3. Einen Platz auf dem Boden für das Mandala wählen.
4. Zuerst das Mittelteil hinlegen, dann die anderen Teile symmetrisch anordnen. Wenn sich zum Beispiel links von der Mitte eine gelbe Blüte befindet, muss auch rechts von der Mitte eine gelbe Blüte liegen. Kinder können sich das Mandala wie ein Rad von einem Fahrrad vorstellen. Die Reihen aus Blüten, die von der Mitte ausgehen, sind die Speichen.

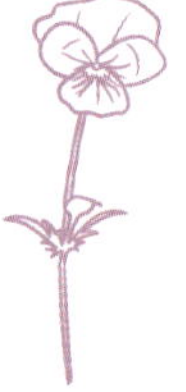

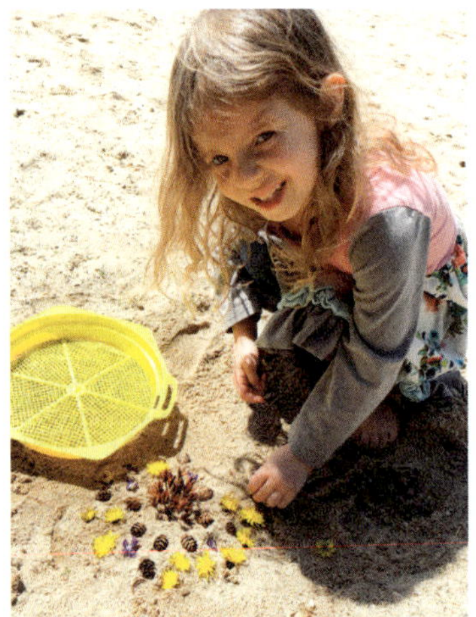

Auf hellem **Sand** sind die bunten Blüten besonders gut zu sehen.

MEHR ZEIT?

- Die Blüten zwischen zwei Lagen **Klarsicht-Klebefolie** legen, damit sie sich länger halten.
- Eine **Vorlage** für verschiedene Mandalas zeichnen.
- Zwei **gleiche Mandalas** legen. Ist das einfach oder schwierig?
- **Frische Kräuter** ins Mandala einbauen: Das duftet schön!

AUSPROBIEREN!
Grünes Gras ist auch ein schöner Hintergrund für ein Mandala.

WELCHES TIER WOHNT HIER?

KRABBELTIERE

Insekten und Spinnen gibt es fast überall. Unternehmt einen Spaziergang und zählt, wie viele ihr findet. Manche Insekten sehen wie Pflanzenteile aus, andere fliegen durch die Luft. Vorsicht, einige davon können beißen oder stechen.

SPINNENNETZ

Spinnennetze sind besonders leicht zu finden, wenn das Sonnenlicht schräg auf sie fällt. Wenn ihr ein Spinnennetz gefunden habt, beobachtet seine Umgebung. Wo sitzt die Spinne? Wie sieht sie aus? Hat sie eine oder mehrere Farben? Könnt ihr im Netz gefangene Insekten entdecken? Wenn ja, wie sehen sie aus?

AMEISENHÜGEL

Ameisenhügel sehen oft wie kleine Vulkane aus, die aus den Rissen im Bürgersteig herausragen. Darunter liegen unterirdische Tunnelsysteme und Kammern. Um die Ameisen zu beobachten, kann man einen Löffel Marmelade in die Nähe eines Ameisenhügels legen und warten, was passiert.

Spinnennetze gibt es in verschiedenen Formen. Solche runden Netze nennt man auch **Radnetze.**

MEHR ZEIT?

- Notiert euch, wie viele Insekten ihr findet. Geht einige Tage später noch einmal los und schaut, ob ihr noch mehr entdeckt. Das könnt ihr auch öfter wiederholen.

NESTER UND BAUE

VÖGEL

Wenn du ein Vogelnest entdeckst, kannst du anhand vieler Hinweise herausfinden, zu welcher Vogelart es gehört. Liegen Eier darin? Aus welchen Materialien ist das Nest gebaut? Sieh es dir genau an, aber pass auf, dass du das Nest nicht berührst. Kannst du in der Nähe Vogelstimmen hören?

EICHHÖRNCHEN

Ein Eichhörnchennest nennt man Kobel. Es ist schwer zu finden, weil Eichhörnchen ihre Nester oft hoch in den Baumkronen bauen. Wenn du eines findest, schau es dir genau an. Wie unterscheidet es sich von einem Vogelnest? Wie groß ist es? Welche Materialien hat das Eichhörnchen für den Bau verwendet?

BIBER

Vielleicht findest du an einem Teich oder See in der Nähe einen Biberbau. Schau genau hin, aus welchen Materialien der kuppelförmige Bau besteht. Du kannst einen Teil des Baus sehen, aber ohne Taucherbrille wirst du den Eingang nicht finden – der liegt nämlich unter Wasser!

ANDERE WOHNUNGEN

Welche Tierwohnungen findest du in deiner Nachbarschaft noch? In welcher würdest du gern leben? Achte auch darauf, wie die Tiere ihre Nester und Behausungen schützen.

MEHR ZEIT?

- Schau dir Tierwohnungen genau an. Dann sammle Material und versuche, selbst eine zu bauen. Wie wäre es mit einem Vogelnest?

MEHR IDEEN

- Du kannst die Nester und Tierwohnungen, die du gesehen hast, auch in einem Notizbuch beschreiben oder aufzeichnen.

Vielleicht entdeckst du auch einen Vogel bei seinem Nest? Dies ist eine Blaumeise.

20 Min ohne Wartezeit

FARBWECHSEL-BLUMEN

Narzissen blühen im Frühjahr etwa um Ostern herum, darum nennt man gelbe Narzissen auch Osterglocken. Die Blüten von Narzissen können gelb, weiß, orange oder rosa sein. Alle sehen hübsch aus, aber mit etwas Lebensmittelfarbe kann man noch ganz andere Blütenfarben zaubern, die es in keiner Gärtnerei zu kaufen gibt.

IHR BRAUCHT

- Weiße Narzissen
- Lebensmittelfarbe
- Saubere Gläser
- Wasser
- Löffel

ANLEITUNG

1. Die Narzissenstiele auf 10–15 cm kürzen.
2. Die Gläser mit Wasser füllen. In jedes 10–15 Tropfen Lebensmittelfarbe geben und umrühren. Vorsicht, die Farben können auf Haut und Kleidung Flecken hinterlassen.
3. Die Narzissen in die Gläser stellen. Die Blüten dürfen das Wasser nicht berühren.
4. Nach einigen Stunden kann man sehen, dass die Blüten ihre Farbe verändern. Die Narzissen saugen das Wasser auf und transportieren es in dünnen Gefäßen, die unseren Arterien ähneln, zu den Blüten. Und weil im Wasser Lebensmittelfarbe aufgelöst ist, können wir genau sehen, wie weit das Wasser schon aufgestiegen ist.
5. Beobachtet die Blüten in den folgenden Tagen. Je länger sie im gefärbten Wasser stehen, desto kräftiger färben sich die Blüten.

MEHR IDEEN

- Dieses Experiment funktioniert auch mit weißen **Nelken** und mit **Stangensellerie** mit hellgrünen Blättern.

AUSPROBIEREN!
Magst du Lila?
Oder lieber Blau?
Wie wäre es mit
grünen Narzissen?

AUSPROBIEREN!

Die einzelnen Schuppen von großen Baumzapfen sind gute Dachschindeln.

1–2 Std

ELFENHAUS

Elfenhäuser gibt es in manchen Gartencentern fertig zu kaufen, aber oft bestehen sie aus Plastik und sind mit künstlicher Baumrinde oder unechtem Moos beklebt. Dabei kann man in der Natur tolle Materialien finden und daraus ein Elfenhaus selbst bauen. Übrigens fühlen sich Elfen in Naturmaterialien auch viel wohler als in Plastik.

IHR BRAUCHT

- Alten Nistkasten oder Stück von einem Baumstamm (wahlweise)
- Zweige
- Steine und Kies
- Moos und Gras
- Eicheln
- Baumrinde
- Baumzapfen
- Klebstoff (am besten Holzleim)
- Wetterfeste Farbe

ANLEITUNG

1. Entscheidet zuerst, was für ein Haus ihr bauen wollt. Eine Hütte mit Dach aus Baumzapfen? Ein Haus in einem hohlen Baumstamm? Ein flaches Haus mit rundem Dach? Auf jeden Fall braucht ihr einen stabilen Unterbau. Dafür eignet sich ein alter Nistkasten. Ihr könnt auch einen Rahmen aus Zweigen zusammenkleben und die Wände aus Holzstücken oder Steinen errichten.
2. Wenn das Haus fertig ist, sucht nach Material zum Verzieren. Wie wäre es mit Moos oder Baumzapfen für das Dach? An die Wände könnt ihr Steinchen oder Baumrinde kleben. Lasst euch etwas einfallen. Beim Kleben mit Leim sollte ein Erwachsener helfen, damit alles lange hält. Wenn der Leim getrocknet ist, könnt ihr einzelne Teile noch farbig anmalen.

Baumzapfen ergeben einen guten **Schornstein.**

MEHR ZEIT?

- Wusstet ihr, dass Elfen nicht so gern allein sind? Am besten baut ihr noch ein Haus oder vielleicht **ein ganzes Dorf,** damit die Bewohner Gesellschaft haben.

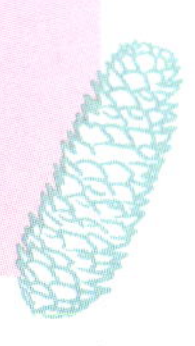

AB NACH DRAUSSEN!

Bestimmt habt ihr Lieblingsspiele, die ihr gern drinnen spielt. Aber warum nicht auch draußen? So bekommt ihr frische Luft und Sonne, ohne auf eure bevorzugten Aktivitäten zu verzichten.

WARME DECKE

Im Kinderzimmer sitzt ihr auf dem Teppich. Nehmt euch doch einfach eine weiche Decke und die Spielsachen mit auf die Terrasse. Auf einer großen Decke ist auch noch Platz für Haustiere, und Babys können ein Nickerchen an der frischen Luft machen.

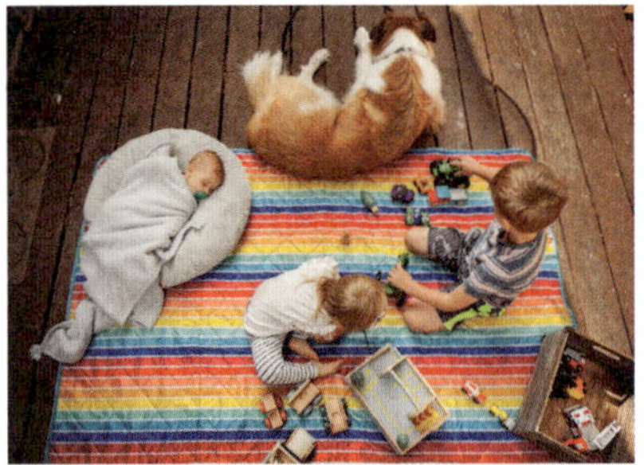

Auf der **Decke** gehen kleine Spielsachen nicht so leicht verloren.

EISENBAHN

In der Wohnung ist nicht immer genug Platz für eine tolle Eisenbahnstrecke. Nehmt die Teile mit nach draußen in den Park oder Garten und baut eine besonders lange Strecke. Schon ein kleiner Hügel bewirkt, dass der Zug viel schneller fährt.

Wenn keine **Wände** im Weg sind, kann man viel längere Bahnstrecken bauen.

KARTEN- UND BRETTSPIELE

Karten- und Brettspiele machen an der frischen Luft noch viel mehr Spaß. Wenn es windig ist, müsst ihr etwas griffbereit haben, womit ihr Karten, Zettel und andere leichte Dinge beschweren könnt.

Wenn ihr draußen spielt, dürft ihr auch mal etwas **lauter** sein.

Befestigt eure Kunstwerke mit **Klebeband,** damit sie nicht im Wind flattern.

FREILUFTKUNST

Wenn man drinnen malt, muss man gut aufpassen, dass man Tisch und Fußboden nicht bekleckert. Draußen muss man sich darum keine Sorgen machen. Also packt Pinsel, Farben, Stifte und Papier ein – und am besten eine Staffelei.

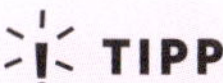

TIPP

- Nehmt etwas zum Knabbern oder eine **Mahlzeit** mit nach draußen. Dann könnt ihr länger an der frischen Luft bleiben.

BAUSTELLE

Ein großer Haufen Erde auf dem Wohnzimmerteppich? Bloß nicht! Aber draußen ist das kein Problem. Und dort können endlich auch die Baustellenfahrzeuge so richtig zum Einsatz kommen. Sie gehören schließlich nach draußen.

NOCH MEHR IDEEN

- Nehmt die **Verkleidekiste** mit. Draußen habt ihr einen ganz neuen Hintergrund.
- Überlegt euch ein **Theaterstück,** das ihr draußen aufführt.

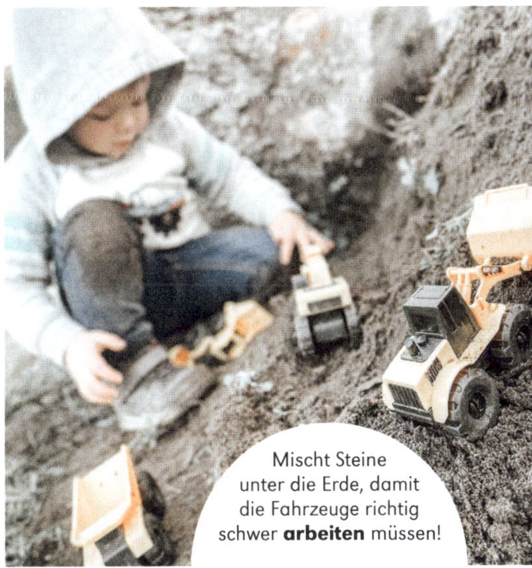

Mischt Steine unter die Erde, damit die Fahrzeuge richtig schwer **arbeiten** müssen!

INSEKTENKUNDE

Insekten gibt es überall. Oft beachten wir sie gar nicht, dabei ist es spannend, sie zu beobachten und ihre Verstecke zu suchen. Wer Insekten anfasst, sollte sich anschließend die Hände waschen.

KÄFER

Käfer haben harte Flügeldecken, und viele von ihnen sind bunt gefärbt. Es gibt mehr als 400 000 Arten von Käfern. Sie machen fast 40 Prozent der bekannten Insekten und 25 Prozent aller bekannten Tierarten aus.

ZIKADEN

Zikaden können ziemlich laut sein. Sie machen morgens und abends alle möglichen Geräusche. Manche Arten bleiben 17 Jahre lang unter der Erde und kommen dann alle auf einmal heraus. Dann wird es richtig spannend!

Manche **Käfer** schillern, wenn Sonne auf ihre Flügel scheint.

Eine ausgewachsene **Zikade** schlüpft aus ihrer Larvenhaut.

GRASHÜPFER

Wenn ein Mensch so gut springen könnte wie ein Grashüpfer, dann wäre er in der Lage, in einem Satz über die ganze Länge eines Fußballfelds zu springen. Wahnsinn!

Bei **Grashüpfern** liegen die Ohren nicht am Kopf, sondern an den Vorderbeinen.

LAUBHEUSCHRECKEN

Laubheuschrecken sind mit Grashüpfern und Grillen verwandt. Sie sind gut getarnt, denn sie sind meistens grün. Einige haben sogar die Form von kleinen hellgrünen Blättern. Um sie zu entdecken, muss man schon sehr genau hinschauen. Sie geben rasselnde Geräusche von sich.

Laubheuschrecken sind meist nachtaktiv und daher tagsüber schwer zu finden.

MARIENKÄFER

Marienkäfer sind nützlich, weil sie Blattläuse und andere Pflanzenschädlinge fressen. Es gibt sie nicht nur in Rot mit schwarzen Punkten, sondern auch in anderen schönen Farben wie Gelb, Orange und Schwarz.

GOTTESANBETERIN

Dieses Insekt hat einen dreieckigen Kopf mit großen vorstehenden Augen. Die kräftigen Vorderbeine sind gut zum Fangen von Beute geeignet. Sie geben dem Insekt auch seinen Namen: Es sieht aus, als würde es sich zum Gebet verbeugen.

STABHEUSCHRECKEN

Stabheuschrecken sehen aus wie sehr dünne Zweige. Solange sie sich nicht bewegen, sind sie in ihrer natürlichen Umgebung perfekt getarnt.

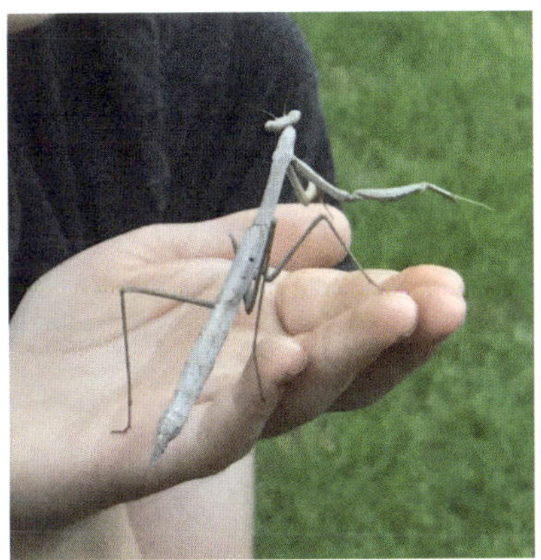

Die **Gottesanbeterin** ist für Menschen ungefährlich, frisst aber Grashüpfer.

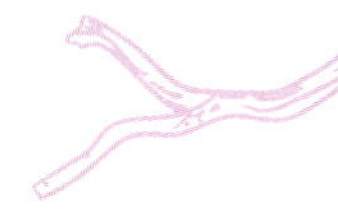

Stabheuschrecken sehen auf den ersten Blick wie dürre Zweige aus.

BLUMENSTAND

Ein Blumenbeet kann man in jedem Garten anlegen. Es muss gar nicht groß sein. Schon ein kleines Beet ist ein schöner Anblick. Und ihr könnt sogar einen Stand aufbauen und kleine Sträuße verkaufen.

Ein **Hochbeet** macht die Gartenarbeit leichter.

BLUMEN SÄEN

Es ist nicht schwer, Blumen aus Samen zu ziehen. Einfach gerade Linien in der Erde bilden und alle 20–30 cm (je nach Blumenart) 5 cm tiefe Löcher hineinstechen. Nun in jedes Loch ein Samenkorn (oder zwei) legen und mit Erde bedecken. Das war es schon.

BLÜTEN SCHNEIDEN

Wenn die Blumen blühen, können sie geschnitten werden. Dafür je nach Art den Stängel vorsichtig direkt über der Stelle abschneiden, an der eine weitere Knospe herausragt. Das ist wichtig, damit die Pflanze weiter wachsen kann.

Benutze eine kleine **Gartenschere.**

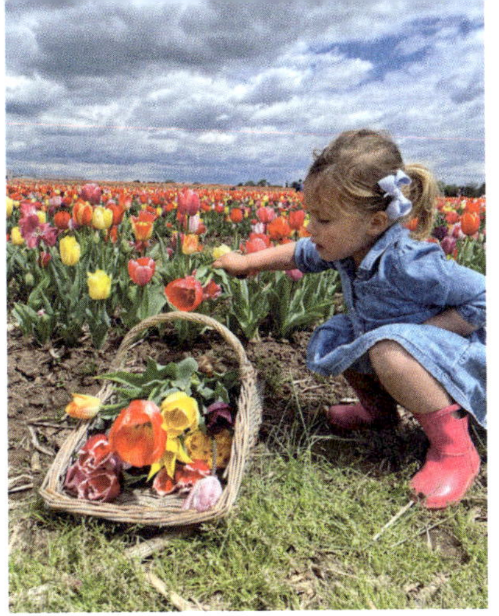

ANDERE BLUMEN ERNTEN

Es gibt auch Felder, auf denen man Blumen schneiden darf. Dort findet man oft mehr Sorten als im Garten. Nehmt einen Korb mit, damit ihr eure Blumen heil nach Hause transportieren könnt.

Die Blumen bald wieder **ins Wasser** stellen, damit sie nicht verwelken.

STRÄUSSE BINDEN

Manche Blumen sehen schöner aus, wenn man sie mit anderen kombiniert. Dabei kann man nichts falsch machen. Probiert einfach aus, welche Farben und Formen euch gefallen.

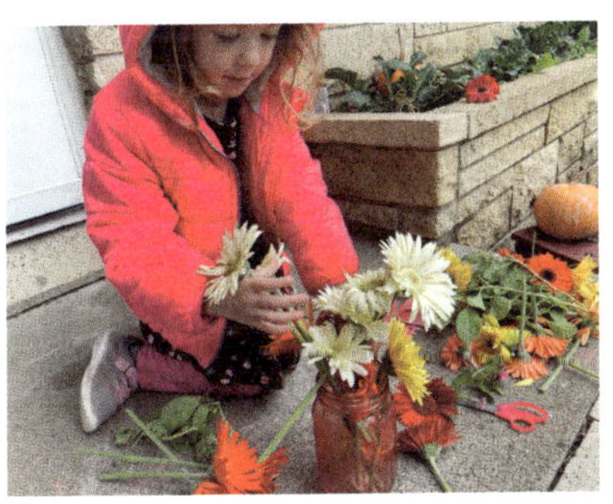

Ihr könnt die Farben mixen oder Sträuße in **einer Farbe** binden.

NOCH MEHR IDEEN

- Benutzt **Schraubgläser** als Vasen für den Blumenstand. Einfach etwas Wasser hineinfüllen und einen Strauß hineinstellen.
- Stellt den Stand neben die **Gartenpforte,** wo Leute vorbeikommen und eure Blumen kaufen können.

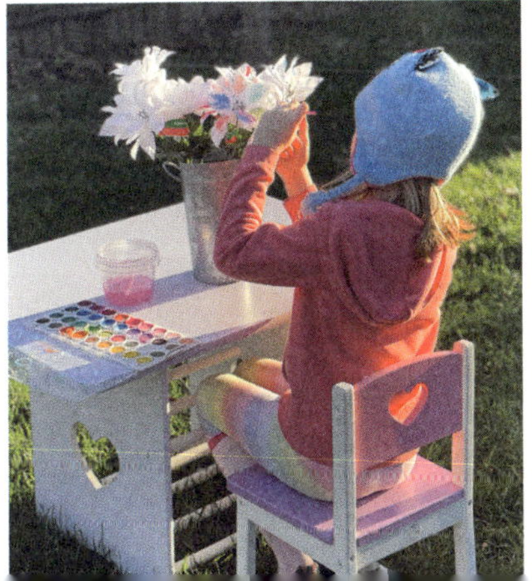

BLÜTEN BEMALEN

Wenn eine bestimmte Blütenfarbe nicht zu finden ist, kann man sie selbst herstellen! Dafür bemalt ihr weiße Blüten, zum Beispiel Nelken, Petunien oder Narzissen, mit Wasserfarben.

Stellt zum Bemalen der Blüten **einen Tisch und einen Stuhl** nach draußen.

30 Min–
2 Std

STRASSENKUNST

Kinder malen gern, aber drinnen müssen sie aufpassen, um Farbkleckse und Spritzer auf Möbeln oder Teppichen zu vermeiden. Draußen ist das kein Problem. Straßenkreide habt ihr vielleicht im Haus, aber kennt ihr auch Kreidefarbe? Damit kann man prima malen und auch zerbrochene Kreiden und kleine Reste verwerten.

IHR BRAUCHT

- 240 ml Wasser
- 120 g Speisestärke
- Rührschüssel
- Löffel
- Muffinblech oder kleine Behälter
- Lebensmittelfarben
- Pinsel in verschiedenen Größen
- Gefäß mit Wasser zum Ausspülen der Pinsel
- Schwamm (wahlweise)

ANLEITUNG

1. Wasser und Speisestärke in der Schüssel verrühren, bis keine Klümpchen mehr zu sehen sind.
2. Die Mischung in die kleinen Behälter oder die Vertiefungen des Muffinblechs füllen.
3. Jede Portion mit einigen Tropfen Lebensmittelfarbe einfärben. Vorsicht, Lebensmittelfarbe hinterlässt Flecken auf der Kleidung.
4. Vor dem Malen die Kreidefarbe etwas stehen lassen, damit sie dicker wird.
5. Mit einem Schwamm kann man andere Striche und Muster malen als mit einem Pinsel.
6. Die Kreidefarbe wird mit der Zeit immer dicker. Am besten Wasser bereitstellen, um sie bei Bedarf wieder zu verdünnen.

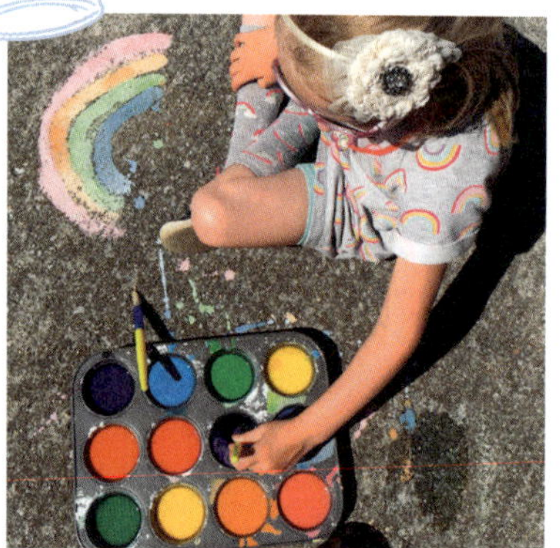

Ideen kann man überall finden, sogar im Muster eines T-Shirts.

NOCH MEHR IDEEN

- **Reste von Kreide,** die zu klein zum Malen sind, kann man einfach zerdrücken und in einer Schüssel mit etwas Wasser zu einer relativ dünnen Paste verrühren.

AUSPROBIEREN!
Auch mit dicken Kreiden kann man prima malen.

KAULQUAPPEN

Hast du schon einmal am Ufer eines Teichs viele kleine, rundliche Tiere schwimmen sehen? Wahrscheinlich waren das Kaulquappen. Sie sehen aus wie kleine Fische, aber nach einer Weile verändern sie sich und werden zu Fröschen.

LEBENSZYKLUS

Frösche legen viele Eier, die von einer geleeartigen Masse umgeben sind. Oft kann man diesen sogenannten Laich im Wasser entdecken. Aus jedem Ei schlüpft eine Kaulquappe. Nach einigen Wochen bekommt sie Hinterbeine. Dann wird sie größer und bekommt Vorderbeine. Schließlich verschwindet der Schwanz – und fertig ist der kleine Frosch.

Es dauert **12 bis 14 Wochen,** bis aus einer Kaulquappe ein Frosch wird.

KAULQUAPPEN FANGEN

Im Frühjahr könnt ihr versuchen, Kaulquappen mit einem Kescher zu fangen. Füllt einen Eimer mit Teichwasser und setzt sie hinein. Jetzt könnt ihr beobachten, wie sie pfeilschnell herumschwimmen.

Psst, leise, damit die Frösche euch nicht **hören.**

BEOBACHTEN

Am besten könnt ihr die Kaulquappen in einem durchsichtigen Gefäß mit Teichwasser (nicht Leitungswasser!) beobachten. Wenn ihr Froschlaich, Kaulquappen oder Frösche angefasst habt, wascht euch anschließend die Hände. Nach der Beobachtung müsst ihr die Tiere wieder in ihrer Heimat freilassen.

Kaulquappen können ganz **unterschiedliche Größen** haben.

KLEINE FRÖSCHE

Zuerst bekommen die Kaulquappen Hinterbeine und dann Vorderbeine. Als Frösche müssen sie Luft atmen. Sie leben jetzt hauptsächlich an Land und kehren nur zur Fortpflanzung ins Wasser zurück.

Frösche sind an Feuchtigkeit gewöhnt. Vor dem Anfassen immer die Hände **anfeuchten.**

Wie groß war der größte Frosch, den du je gesehen hast? Wie **schwer** war er wohl?

GROSSE FRÖSCHE

Die meisten Froscharten sind recht klein. Der Ochsenfrosch kann aber größer als die Hand eines Erwachsenen werden. Kaum zu glauben, dass auch er einmal eine kleine Kaulquappe war.

AUSPROBIEREN!
Aus kleinen Stöcken kann man in der Schale ein **Tipi** bauen.

30 Min

EINE SCHALE NATUR

Natur zum Mitnehmen? Das geht! Eine flache Schale mit einer selbst gestalteten Naturlandschaft kann man in den Garten stellen oder ins Haus holen. Sie sieht hübsch aus und bietet eine Grundlage für viele fantasievolle Spiele.

IHR BRAUCHT

- Backblech, große Schale oder Tablett mit mindestens 2,5 cm hohem Rand
- Erde oder Sand
- Steine, Zweige, Eicheln, Blätter und mehr zum Dekorieren

ANLEITUNG

1. Die Schale kann einfach oder aufwendig gestaltet werden. Zuerst den Boden der Schale mit einer Schicht Sand oder Erde bedecken.
2. Jetzt die Schale gestalten, vielleicht als Felslandschaft, als Stadt mit Häusern aus Stöcken oder als Elfenhaus?
3. Wenn alles fertig ist, könnt ihr damit spielen. Nehmt Stöcke als Figuren und denkt euch Geschichten aus, die sie erleben.

MEHR ZEIT?

- Für einen **kleinen Teich** einfach eine Schale in die Sandschicht drücken und mit Wasser füllen.
- Ihr könnt auch eure **Lieblings-Spielfiguren** als Bewohner in die Schale setzen.

Mit einer Schale Natur kann man auch **auf dem Balkon** oder einer kleinen Terrasse gut spielen.

30 Min ohne Wartezeit

TOMATEN ZIEHEN

Selbst geerntete Tomaten schmecken umwerfend gut. Außerdem gibt es Samen für ausgefallene Sorten, die man im Supermarkt nicht kaufen kann. Tomaten müssen nicht rot sein, es gibt auch Sorten in Rosa, Gelb, Weiß, Schwarz und mit Streifen. Und jede hat ihren ganz eigenen Geschmack.

IHR BRAUCHT

- Tomatensamen – am besten ausgefallene Sorten wie Black Cherry oder Green Zebra
- Blumenerde
- Wasser
- Blumentöpfe (15 cm) oder Pflanzschalen aus Pappe
- Schere
- Pflanzstäbe (wahlweise)

ANLEITUNG

1. Die Töpfe zu zwei Dritteln mit Blumenerde füllen und leicht begießen.
2. In jeden Topf zwei Samen legen, dann die Töpfe mit Erde bedecken. Anschließend die Hände waschen.
3. Die Töpfe an einen warmen, sonnigen Platz stellen. Jeden Morgen begießen, damit die Erde feucht bleibt.
4. Nach 5–10 Tagen erscheinen die Pflänzchen. Wenn sie etwa 5 cm hoch sind, die schwächere Pflanze abschneiden. So bleibt in jedem Topf nur eine übrig.
5. Wenn die Pflanzen 7–10 cm groß sind, werden sie in größere Töpfe umgesetzt. Vorsicht, dabei dürfen die dünnen Wurzeln nicht verletzt werden. Wenn draußen kein Frost mehr droht, können die Tomaten in den Garten gepflanzt werden.
6. Je nach Sorte müssen die Tomatenpflanzen vielleicht mit Stäben oder Spalieren gestützt werden.

Tomaten wachsen auch auf dem **Balkon.**

MEHR ZEIT?

- Pflanzt **Ringelblumen** in die Nähe. Sie schützen die Tomaten vor gefräßigen **Schnecken.**

AUSPROBIEREN!
Wenn ihr Tomatensamen fürs nächste Jahr aufbewahrt, denkt ans Beschriften!

SCHATTENSPIELE

Da sich Lichtwellen in geraden Linien bewegen, werden sie blockiert, wenn sie auf ein Hindernis treffen. So entstehen Schatten. An einem sonnigen Tag bilden sich im Licht der Sonne überall um uns herum Schatten.

SONNENSTAND

Die Sonne wandert im Lauf des Tages über den Himmel, und auch im Lauf des Jahres ändert sich die Stellung der Erde zur Sonne. Darum sehen die Schatten je nach Uhrzeit und Jahreszeit unterschiedlich aus. Beobachtet, wie eure Schatten die Form und Richtung ändern.

Schatten haben die gleiche **Form** wie das, was den Schatten erzeugt.

TIPP

- Am **längsten** sind die Schatten am frühen Morgen und am späten Nachmittag in den Wintermonaten. Dann kann der Schatten eines erwachsenen Menschen bis zu 20 Meter lang sein!

MEHR ZEIT?

- Wenn ihr ein **weißes Laken** in eine offene Tür hängt, das Licht ausschaltet und nur dahinter eine Lampe anknipst, könnt ihr Schattentheater spielen.

NOCH MEHR IDEEN

- Probiert doch mal, die Hände in einem dunklen Zimmer vor eine Taschenlampe zu halten und zu bewegen. Was für **Bilder und Figuren** entstehen dabei?

SCHATTENKUNST

Es ist schwierig, Spielfiguren nachzuzeichnen. Leichter geht es mit den Schatten. Stellt eure Figuren an einem sonnigen Tag so neben ein Blatt Papier, dass die Schatten auf das Papier fallen. Jetzt kann man die Umrisse der Schatten nachzeichnen.

Kannst du nur mit Schatten eine ganze **Szene** zeichnen?

SONNENUHR

Bevor mechanische Uhren erfunden wurden, haben die Menschen Sonnenuhren benutzt. Mit einem Pappteller und einem Stock in der Mitte oder einem Kreis aus Steinen und einer Feder in der Mitte könnt ihr selbst eine Sonnenuhr bauen. Markiert jede Stunde, wohin der Schatten fällt, und schreibt die Uhrzeit dazu. An den folgenden Tagen könnt ihr dann die Zeit am Schatten ablesen.

Der Schatten fällt **jeden Tag** an dieselbe Stelle.

BUNTE STÖCKE

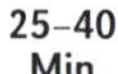

25–40 Min

Farbe, Wollreste und Gummibänder: Mehr braucht man nicht, um langweilige braune Äste in tolle Spazierstöcke zu verwandeln. Geeignete Stöcke kann man überall im Freien finden. Wenn sie zu groß sind oder zu viele Zweige haben, kann man sie mit einer Säge einfach in die richtige Form bringen.

IHR BRAUCHT

- Stöcke
- Farbe (z. B. Acrylfarbe), Pinsel
- Farbige Gummibänder
- Bunte Wollreste

ANLEITUNG

1. Zuerst Stöcke suchen. Ein stabiler Wanderstab sollte etwa bis zur Schulter reichen.
2. Für eine kleine Landschaft mit Ton sollten die Stöcke höchstens 30 cm lang sein.
3. Die Stöcke hinlegen und einige Abschnitte bemalen. Ihr könnt zum Beispiel längere Stücke in einer Farbe halten und dazwischen kürzere Stücke in Kontrastfarben.
4. Dann einige Teile des Stocks mit bunten Wollresten umwickeln oder Gummibänder darauf schieben. Das sieht lustig aus.

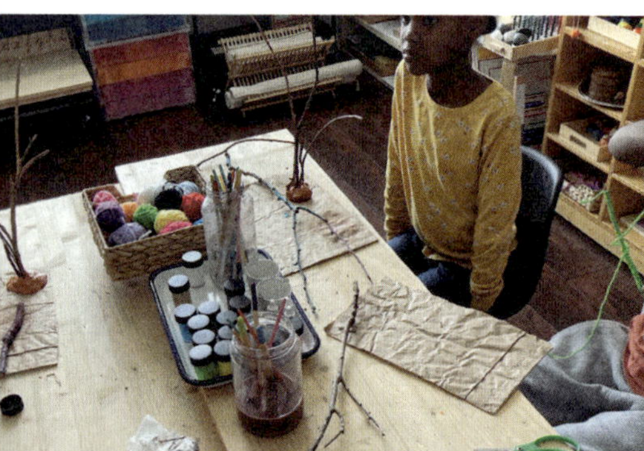

Für einen bunten **Minibaum** steckt man einen oder mehrere Stöcke in einen Fuß aus Ton.

MEHR IDEEN

- Mehrere **bemalte Stöcke** kann man als Strauß in eine Vase stecken.
- **Bänder** und **Glöckchen** passen gut ans Ende des Wanderstocks.

AUSPROBIEREN!
Geht mit euren bunten Stöcken auf Wanderschaft!

BESONDERE BÄUME

Es gibt etwa 60 000 verschiedene Baumarten. Das ist eine Menge! Jeder Baum ist einzigartig, obwohl sich manche recht ähnlich sehen. Einige Bäume bilden auch ganz besondere Formen.

BAUMHÖHLEN

Es gibt Bäume mit Höhlen im unteren Stammbereich. Manche sind so groß, dass man hineingehen kann. Solche Höhlen entstehen oft, wenn ein Ast abgebrochen ist oder die Rinde während des Wachstums beschädigt wurde.

NOCH MEHR IDEEN

- Findet heraus, welche Bäume in eurer Gegend **heimisch** sind. Druckt eine Liste mit Bildern aus und geht in der Umgebung auf die Suche.

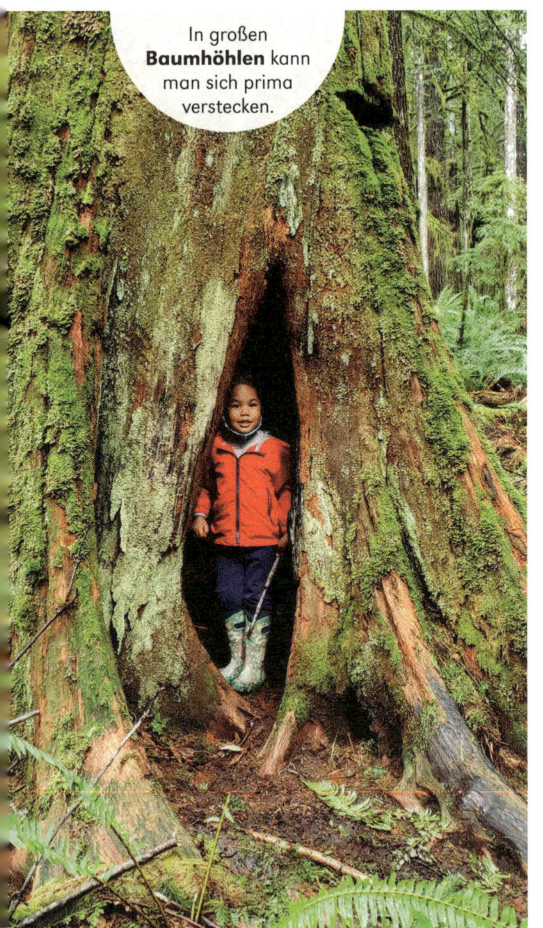

In großen **Baumhöhlen** kann man sich prima verstecken.

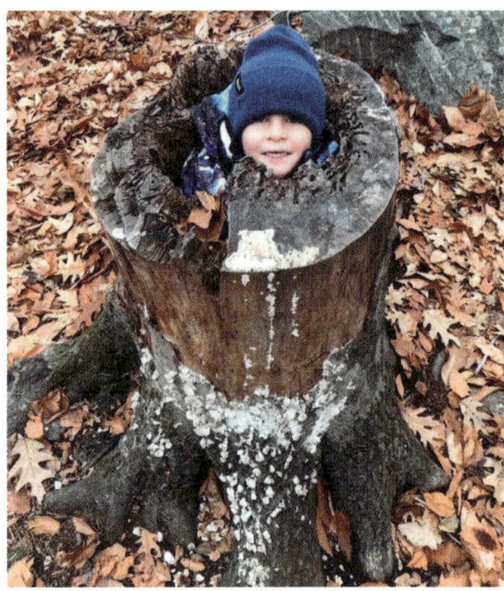

Dies ist der Stumpf von einem Baum, der **abgesägt** wurde.

BAUMSTÜMPFE

Manchmal brechen Bäume bei Sturm ab, manchmal werden sie auch gefällt. Dann bleibt ein Stumpf stehen. Solche Stümpfe verrotten oft von innen heraus. Dabei kann ein Loch entstehen, in dem sich ein Kind verstecken kann.

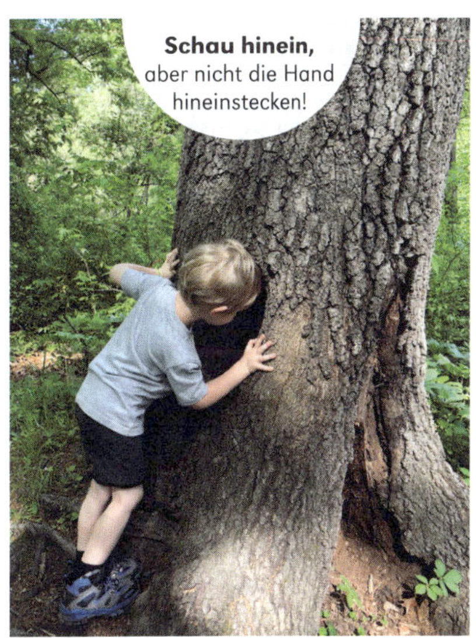

BAUMBEWOHNER

Viele Tiere leben in Bäumen, zum Beispiel Eichhörnchen, Mäuse, Vögel und Insekten. Wenn du eine Baumhöhle findest, schau ruhig nach, ob jemand darin wohnt. Aber sei vorsichtig und störe die Bewohner nicht.

BAUMKUNST

Manchmal müssen Bäume gefällt werden, damit sie nicht auf Häuser stürzen, oder um Platz zu schaffen und den Wald zu pflegen. Es kommt vor, dass ein Forstarbeiter mit seiner Kettensäge ein Bild oder Muster in einem gefällten Baum hinterlässt.

WIE ALT IST DER BAUM?

Jedes Jahr bildet sich im Holz des Baums ein neuer Ring. An diesen Ringen können Forscher ablesen, in welchen Jahren es warm oder kalt war, ob es viel oder wenig geregnet hat oder ob es vielleicht einen Waldbrand gab.

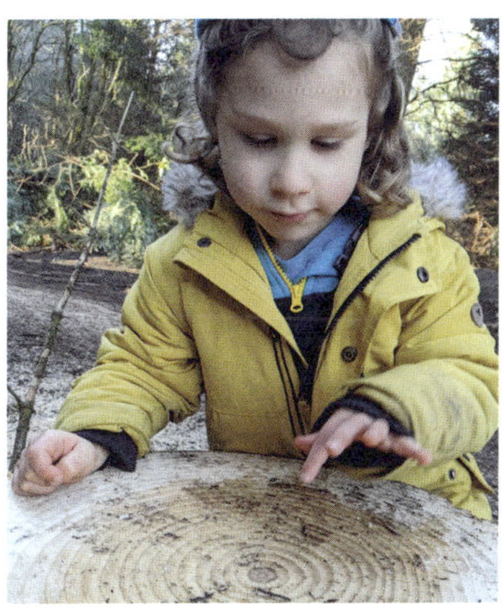

Versuche einmal, die **Jahresringe** an einem Baumstumpf oder gefällten Stamm zu zählen.

Diesen Smiley hat jemand geschnitzt. Sucht einmal nach **natürlichen Gesichtern** in Bäumen, z. B. in der Rinde.

AUSPROBIEREN!

Baut zwei Rampen und veranstaltet ein Rennen.

1–2 Std

SCHWERKRAFT

Eine einfache Rampe ist ausgesprochen spannend, und man kann eine Menge damit lernen. Die Neigung bestimmt, ob eine Kugel schnell oder langsam nach unten rollt. Auch Oberfläche und Gewicht der Kugel beeinflussen die Geschwindigkeit. Wenn man noch ein bisschen Wasser dazunimmt, ist für jede Menge Spiel- und Forscherspaß gesorgt.

IHR BRAUCHT

- Holzbretter, feste Pappstreifen oder Plastikrohre
- Holzscheite oder Bücher (wahlweise)
- Dinge, die rollen (z. B. Kugeln oder Spielzeugautos)
- Plastikschüsseln (wahlweise)
- Wasser (wahlweise)

ANLEITUNG

1. Zuerst das Material im Freien auf einer ebenen Fläche aufbauen. Für eine einfache Rampe genügen zwei Stützen in verschiedenen Höhen und ein Brett oder ein Stück feste Pappe.
2. Um Höhe und Neigung der Rampe zu verändern, Holzstücke oder Bücher aufeinanderstapeln. Wenn eine Rampe nicht bis zum Boden reicht, fliegt die Kugel oder das Auto am Ende durch die Luft.
3. Plastikschüsseln als Landezone aufstellen. Ihr könnt Wasser hineinfüllen, dann spritzt es bei der Landung.
4. Sucht natürliche Materialien, die rollen können.
5. Welche Dinge rollen am schnellsten, welche am langsamsten? Was passiert, wenn die Rampe steiler oder flacher ist?

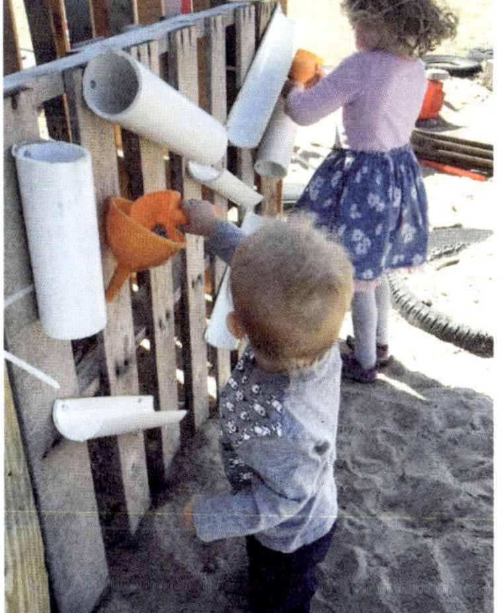

Für eine spannende **Spielwand** kann ein Erwachsener verschiedene Rohre und Bahnen an einen Zaun schrauben.

NOCH MEHR IDEEN

- Die Rampe **schwarz mit weißem Mittelstreifen** als Straße bemalen.
- PVC-Rohre ergeben tunnelförmige Rampen. Im Sommer kann man **Wasser** hindurchfließen lassen.

SCHMUCK BASTELN

KLEBE-ARMBÄNDER

Diese Armbänder sind ganz einfach zu basteln. Sie sehen toll aus, und man kann all die vielen Farben, Materialien und Gerüche der Natur erkunden. Schaut, was ihr in verschiedenen Jahreszeiten findet!

ARMBÄNDER BASTELN

Einfach breites Paketklebeband mit der klebrigen Seite nach außen um das Handgelenk wickeln. Je breiter das Band, desto mehr Platz ist darauf. Schmales Band kann mehrmals nebeneinander überlappend um den Arm gewickelt werden, sodass ein breiterer Streifen entsteht.

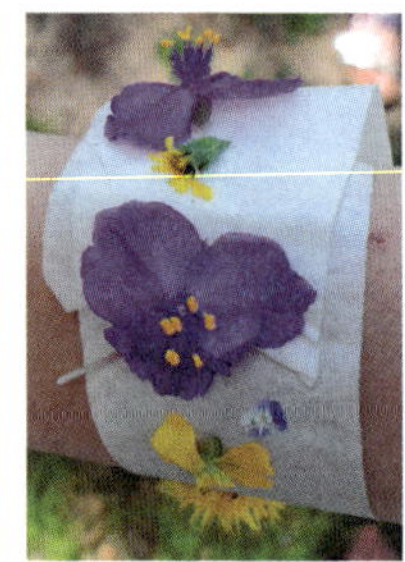

Beklebt das Armband mit **flachen Blütenblättern**, Blättern, Samen oder Grashalmen.

MEHR ZEIT?

- **Stabiler** wird das Armband, wenn man zuerst einen Streifen Pappe um das Handgelenk klebt. Später kann man das Armband glatt streichen und laminieren. Fertig ist ein **Lesezeichen!**

WANDER-ARMBAND

Bereitet solche Klebe-Armbänder vor, bevor ihr eine Wanderung unternehmt. Sammelt unterwegs kleine Dinge aus der Natur und merkt euch, wo ihr sie gefunden habt. Sie helfen euch später, ganz genau von eurem Abenteuer zu erzählen.

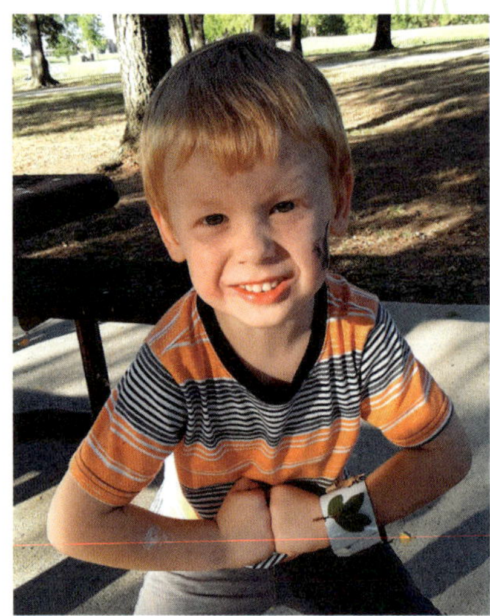

Für ein breites Armband eignen sich **Gewebeband** oder **Paketklebeband** am besten.

HALSKETTEN UND MEHR

LÖWENZAHN-KETTEN

Dafür braucht man Löwenzahnblumen mit langen Stängeln. Stecht unter der Blüte ein kleines Loch in den Stiel. Fädelt eine zweite Blume mit dem Stiel voran durch das Loch. Dann bohrt ihr in den Stiel der zweiten Blüte ein Loch und fädelt eine dritte Blüte durch. So geht es weiter, bis die Kette lang genug ist. Um die Kette zu schließen, steckt man die erste Blüte durch den Stiel der letzten Blüte. Genauso kann man auch aus Gänseblümchen eine Kette basteln.

Aus Löwenzahn kann man auch **passende Haarkränze** oder Armbänder basteln.

KNABBERKETTEN

Auf eine Wanderung könnt ihr Ketten zum Knabbern mitnehmen. Dafür werden runde Cerealien auf eine Schnur gefädelt. Wenn die Kette lang genug ist, einfach beide Enden verknoten.

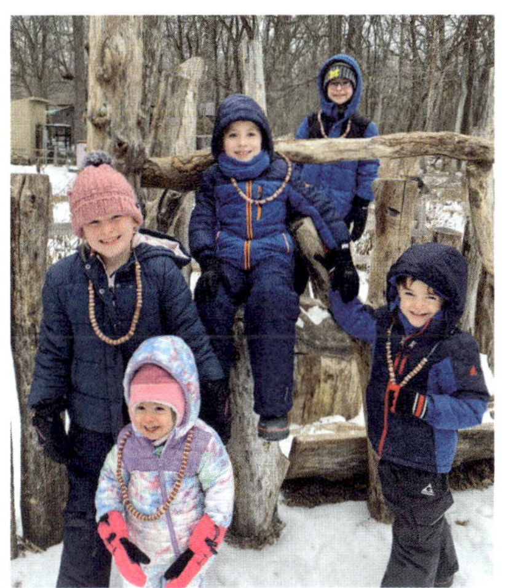

Mit Knusperringen in verschiedenen Farben kann man **Muster** auffädeln.

NOCH MEHR IDEEN

- Wenn ein Erwachsener kleine Löcher durch **Eicheln** bohrt, könnt ihr die Baumfrüchte zu schönen Ketten auffädeln.

WIPP-SPASS

10–30 Min

Eine Wippe gibt es auf fast jedem Spielplatz. Obwohl sie nach einfachen Grundsätzen der Physik funktioniert, können große und kleine Kinder (und Erwachsene) damit jede Menge Spaß haben. Im Garten kann man eine Wippe ganz leicht selbst bauen. Das klappt sogar ohne Werkzeug.

IHR BRAUCHT

- Ebene Fläche
- Stabiles Holzbrett, lang und breit genug für eine Wippe
- Holzklötze oder Mauersteine als Sockel
- Holzstücke oder Steinbrocken als Auflage für das Brett

ANLEITUNG

1. Zuerst das Sitzbrett für die Wippe aussuchen. Es muss stabil genug sein, um zwei Kinder zu tragen. Das sollte ein Erwachsener kontrollieren.
2. Für den Unterbau eignen sich große Holzklötze oder Mauersteine. Sie müssen so schwer sein, dass sie nicht verrutschen. Lasst euch beim Tragen von einem Erwachsenen helfen.
3. Den Sockel aufschichten. Er muss gerade und stabil sein.
4. Jetzt legt man kleinere Holzstücke oder Mauersteine auf den Sockel. Auf sie kommt später das Brett.
5. Das lange Brett mittig auf den fertigen Unterbau legen. Verschiebt es hin und her und findet eine Position, in der es nicht verrutscht.
6. Bevor ihr die Wippe benutzt, sollte ein Erwachsener sie unbedingt noch einmal anschauen und testen, damit niemand herunterfällt oder sich verletzt.

MEHR ZEIT?

- Malt die Wippe an, schreibt eure **Namen oder Anfangsbuchstaben** darauf oder verziert **das ganze Brett** und den Unterbau bunt.

NOCH MEHR IDEEN

- Statt selbst auf die Wippe zu steigen, könnt ihr Steine darauf legen und versuchen, sie genau **ins Gleichgewicht** zu bringen. Passt gut auf, dass euch dabei nichts Schweres auf die Hände oder Füße fällt.

AUSPROBIEREN!
Im Stehen kann
man auch prima
allein wippen.

AUSPROBIEREN!

Schaut euch die Blätter der Bäume in der Nachbarschaft genau an.

30–45 Min

BLÄTTERDRUCK

Die Blätter verschiedener Baumarten haben unterschiedliche Adern. Bei vielen zweigen von einer kräftigen Mittelader auf beiden Seiten dünnere Adern ab, ähnlich wie bei einem Baum. Wenn man mit Blättern druckt, kann man sich die unterschiedlichen Muster der Adern in Ruhe anschauen.

IHR BRAUCHT

- Blätter in verschiedenen Farben und Größen, am besten mit dicken Adern
- Zeitungspapier
- Temperafarben
- Pinsel (am besten Schaumstoffpinsel)
- Papier
- Nudelholz (wahlweise)

ANLEITUNG

1. Ein Blatt auf das Zeitungspapier legen. Die Rückseite sollte oben liegen, denn dort treten die Blattadern stärker hervor. Das Blatt mit Farbe bestreichen – bis an den Rand und ruhig etwas darüber hinaus. Das Zeitungspapier schützt den Tisch. Zügig arbeiten, weil die Farbe schnell trocknet.
2. Das Blatt am Stiel anheben und mit der bemalten Seite nach unten auf das Papier legen.
3. Um die Farbe auf das Papier zu übertragen, drückt man das Blatt überall gut an. Dabei darf das Blatt nicht verrutschen, sonst verschmiert die Farbe.
4. Das Blatt wieder am Stiel anfassen und vorsichtig vom Papier nehmen. Fertig ist der Druck.
5. Weitere Blätter drucken. Sie müssen einzeln mit Farbe bestrichen werden, weil die Farbe schnell trocknet.
6. Gut trocknen lassen, dann kann man das Blätterbild aufhängen.

Nach dem Drucken könnt ihr aus den Blättern einen **Zaubertrank** brauen.

MEHR ZEIT?

- Blätter mit Stoffmalfarben bestreichen und auf Stoff drucken, z. B. auf **T-Shirts,** Geschirrtücher oder Taschen.

FARBEN DER NATUR

Beim Vergleichen und Zuordnen üben Kinder, Muster zu erkennen. Solche Spiele trainieren die Konzentration und das Gedächtnis. Man braucht dafür keine gekauften Brettspiele, denn alles Nötige findet sich auch in der Natur.

FARBEN FINDEN

Malt Tupfer in verschiedenen Farben auf einen Pappteller oder eine Palette aus Pappe. Dann geht nach draußen und schaut nach Blüten, Blättern oder Gräsern in denselben Farben. Danach malt ihr mit euren Farben Bilder von den Dingen, die ihr gefunden habt.

TIPP

- Sammelt viele verschiedene Gegenstände – je mehr, desto besser. Achtet darauf, dass sie unterschiedliche Formen und Farben haben, damit es nicht zu einfach ist.

Schneide ein Loch in den Pappteller, damit er wie eine **Palette** aussieht.

MEHR ZEIT?

- Sucht im Freien sechs Paare von Dingen und legt sie unter Deckel oder Pappteller. Damit könnt ihr wie mit **Legekarten** spielen. Jeder darf reihum zwei Dinge aufdecken. Ist es ein Paar, darf er sie behalten. Passen sie nicht zusammen, werden sie wieder abgedeckt. Sieger ist, wer die meisten Paare findet.

DIE GLEICHE FARBE

Schneidet aus Tonkarton in vielen verschiedenen Farben kleine Rechtecke aus. Sucht dann draußen nach Dingen, die möglichst genau dieselben Farben haben. Dabei müsst ihr ganz genau hinschauen und auch auf Dinge achten, die ihr sonst vielleicht übersehen würdet.

Wer kennt die Namen der verschiedenen **Farbtöne,** die ihr gefunden habt?

FORMEN ERKENNEN

Sucht verschiedene Dinge aus der Natur. Legt sie auf Papier und zeichnet die Umrisse nach. Dann mischt eure Fundstücke und legt sie wieder in die richtigen Umrisse. Je größer das Blatt Papier, desto mehr Umrisse könnt ihr zeichnen. Stellt eine Stoppuhr. Wer es am schnellsten schafft, hat gewonnen.

Stopp! Alles liegt wieder **am richtigen Platz.**

30–60 Min

BLUMENBOGEN

Blumen gibt es in allen Regenbogenfarben und auch in Weiß, Schwarz und Rosa. Es macht Spaß, einen Regenbogen aus Blüten zu legen. Die Farben können auch unsere Stimmung beeinflussen. Achtet beim Sammeln der Blüten darauf, wie ihr euch fühlt! Schaut euch auch die Formen und Größen der Blüten genau an, damit ihr sie später nach Sorten ordnen könnt.

IHR BRAUCHT

- Blumen in verschiedenen Farben (Vorschläge siehe unten)
- Papier (wahlweise)
- Klebstoff (wahlweise)

ANLEITUNG

1. Im eigenen Garten oder auf dem Balkon verschiedene Blumen zusammenstellen. Beim Sammeln in der Natur keine geschützten Arten wählen! Beim Schneiden muss eine Knospe stehen bleiben, damit die Pflanze weiter wachsen kann. Diese Blumen eignen sich gut:
   - **Rot:** Rose, Mohn, Gerbera, Chrysantheme, Zinnie, Tulpe
   - **Orange:** Begonie, Chrysantheme, Ringelblume, Iris, Wandelröschen
   - **Gelb:** Ringelblume, Sonnenblume, Goldrute, Sonnenhut, Rose, Lilie, Narzisse, Gerbera
   - **Grün:** Taglilie, Zinnie, Muschelblume, Hortensie, Hahnenkamm
   - **Blau:** Kornblume, Iris, Kugeldistel, Vergissmeinnicht, Clematis
   - **Indigo und Violett:** Lavendel, Verbene, Zierlauch, chinesische Aster, Krokus, Lupine, Stiefmütterchen, Petunie
2. Die Blütenblätter in Bögen anordnen. Wenn ihr nicht alle Regenbogenfarben habt, verwendet verschiedene Farbtöne, z. B. Hellgrün und Dunkelgrün.

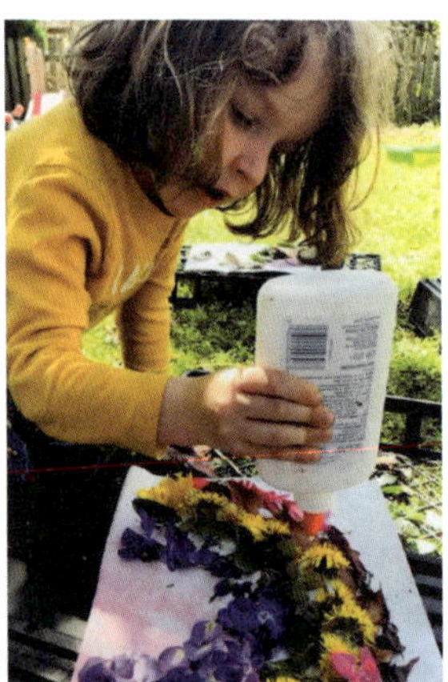

Zum **Aufbewahren** könnt ihr den Blumenbogen auf Papier kleben.

MEHR ZEIT?

- Blumen blühen zu verschiedenen Zeiten. Sammelt und **presst** die Blüten, um später einen Blumenbogen zu basteln (siehe Seite 132).
- Versucht, einen Blumenbogen **im Garten** oder in einem großen Topf zu pflanzen.

AUSPROBIEREN!

Ihr könnt die Bogen für die Blüten zuerst dünn mit Bleistift vorzeichnen.

LESEPLÄTZE

Wenn das Wetter wärmer wird, kann man das Lieblingsbuch mit nach draußen nehmen. Lesen macht noch viel mehr Spaß, wenn man von den Geräuschen und Gerüchen der Natur umgeben ist. Wo lest ihr am liebsten?

AM STRAND

Ein Stück Treibholz eignet sich hervorragend als Sitzgelegenheit, und die Geräusche der plätschernden Wellen und der Möwen lenken nicht von der Geschichte ab. Sand lässt sich ganz leicht von den Buchseiten abschütteln.

TIPP

- Wenn du beim Lesen auf einem Handtuch liegst, suche dir einen **Stein** oder eine große **Muschel,** um die Buchseiten zu beschweren. Sonst blättert der Wind sie um.

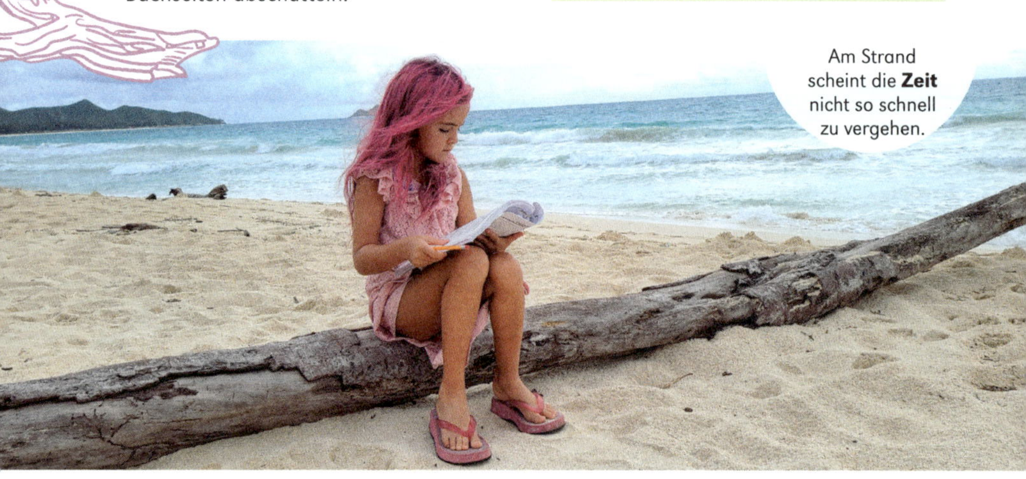

Am Strand scheint die **Zeit** nicht so schnell zu vergehen.

GUT VERSTECKT

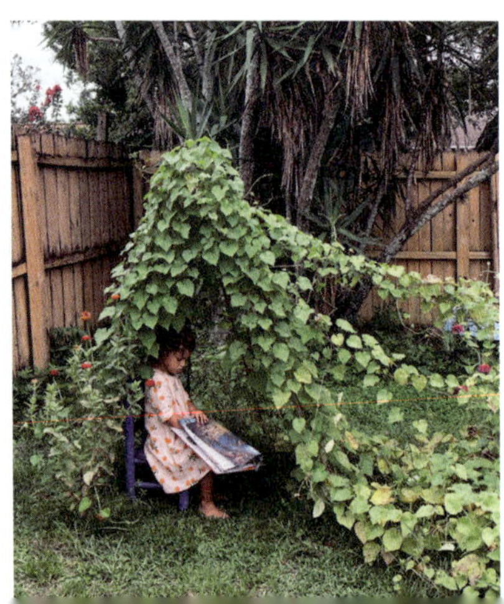

Natürlich kann man sich gut zwischen Büschen und Sträuchern verstecken. Prima ist aber auch so ein Tipi aus Kletterpflanzen wie Wicken oder Prunkwinden, die duftende Blüten tragen. Unter so einem Blätterdach ist es an sonnigen Tagen schön schattig.

Wie wäre es mit einem Tipi aus Erbsen- oder Tomatenpflanzen? Dann kannst du zwischendurch **naschen.**

AUF EINER DECKE

Macht es euch mit einer Decke und einem Stapel Bücher unter einem Baum gemütlich. Das ist eine gute Idee, wenn ihr ordentlich getobt habt und eine kleine Verschnaufpause gebrauchen könnt.

NOCH MEHR IDEEN

- Mit **Decken und Kissen** wird der Leseplatz richtig gemütlich.
- Ein **Zelt** ist ein schöner Leseplatz.
- Ladet Kinder aus der Nachbarschaft zum **gemeinsamen Lesen** ein.
- Eine Plane bietet guten Schutz vor **Sonne** und **Regen.**

Schön weich ist es mit einer **Yogamatte** unter der Decke.

IM WALD

Geht mit der Kindergartengruppe, der Klasse oder mit Freunden regelmäßig in den Wald, um im raschelnden Laub zu lesen. Am besten baut ihr den Termin fest in den Stundenplan ein, sodass zum Beispiel immer mittwochs Waldtag ist.

TIPP

- Nehmt euch auch an Schultagen etwas Zeit, um im Freien zu lesen. Das ist ein gutes Mittel gegen **Stress und Anspannung.**

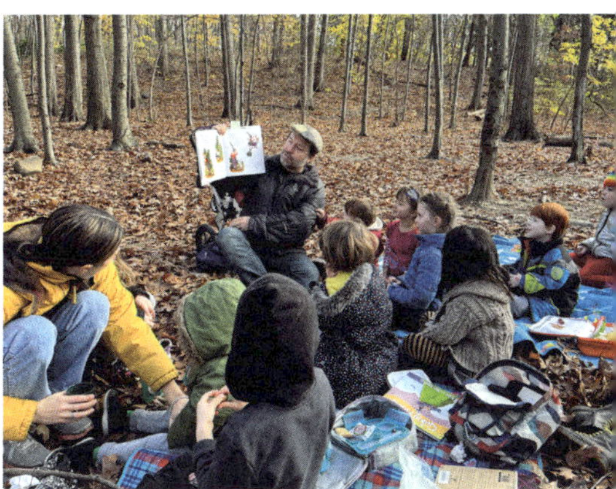

Nach dem gemeinsamen Essen kann ein **Bilderbuch** betrachtet werden.

30–60 Min

VOLL IM RAHMEN!

Ein Stock kann ein Zauberstab sein, ein Werkzeug zum Graben oder ein tolles Bastelmaterial. Stöcke eignen sich auch als Rahmen für lustige Fotos oder selbst gemalte Bilder. Und weil man Stöcke überall finden kann, könnt ihr verschiedene Arten von Rahmen ausprobieren. Schließlich muss ein Rahmen ja gut zu seinem Inhalt passen.

IHR BRAUCHT

- 4 gerade Stöcke ähnlicher Stärke und Länge (oder Eisstiele)
- Schnur oder Bindfaden
- Schere
- Klebstoff (wahlweise)
- Kamera (wahlweise)

ANLEITUNG

1. Die Enden von zwei Stöcken rechtwinklig übereinanderlegen und mit Schnur fest zusammenbinden. Dafür die Schnur x-förmig um die Stöcke wickeln.
2. Wenn die Befestigung hält, einen sicheren Knoten binden und die Schnur abschneiden.
3. Die anderen drei Ecken des Rahmens wickeln wie in Schritt 1 und 2 beschrieben.
4. Stattdessen kann man auch Eisstiele als Ecken übereinanderlegen und zusammenkleben. Gut trocknen lassen.
5. Bastelt mehrere Rahmen aus Stöcken in verschiedenen Stärken. Ihr könnt auch andere Formen bilden, zum Beispiel Dreiecke oder Achtecke.
6. Dann lustige Fotos im Haus oder im Freien machen und einrahmen.

Auch ein **Selfie** sieht in einem Rahmen aus Zweigen gut aus.

NOCH MEHR IDEEN

- **Wildblumen** auf die Ecken des Rahmens kleben.
- Die Rahmen **an die Wand** hängen. Sie sorgen für gemütliche Stimmung.
- Für jede Seite des Rahmens **mehrere Zweige** zusammenbinden, statt nur einen Stock pro Seite zu verwenden.

AUSPROBIEREN!
Für dieses **Fensterbild** wurden zwei Lagen durchsichtiger Klebefolie verwendet.

WOLKEN GUCKEN

Wolken bringen den Regen, spenden uns Schatten und bilden manchmal interessante Formen. Also schnappt euch eine Decke, legt euch ins Gras und schaut euch die Wolken ganz in Ruhe an.

VERSCHIEDENE WOLKEN

Wolken sind nicht gleich Wolken. Es gibt verschiedene Wolkenarten, zum Beispiel Kumulus und Zirrus. Manche schweben in 6000 Metern Höhe, andere sind nur 1500 Meter von der Erde entfernt.

NOCH MEHR IDEEN

- Wenn ihr Bilder malt, könnt ihr **Watte** als Wolken auf das Papier kleben. Zieht die Watte in die Länge, damit die Wolken echt aussehen.

Die dicken Wolken heißen **Kumulus,** die dünnen Wolkenfäden **Zirrus.**

Erfindet **Geschichten** über die Wolkenformen.

WOLKENFORMEN

Legt euch ins weiche Gras und schaut nach oben. Beobachtet die Wolken, die über euch ziehen. Erkennt ihr Formen, die euch an etwas erinnern? Könnt ihr sehen, dass manche Wolken höher schweben und andere tiefer hängen?

WOLKEN MALEN

Legt im Freien einen Spiegel auf die Erde und breitet eure Malsachen daneben aus. Benutzt den Spiegel, um euch die Wolken anzusehen. Jetzt könnt ihr die Wolken abmalen, ohne zwischendurch zu unterbrechen und nach oben zu schauen.

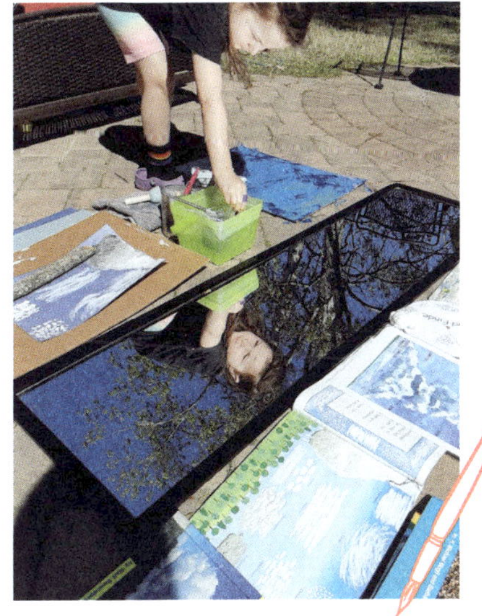

Ihr könnt auch **Äste und Zweige** malen, die man im Spiegel sieht.

20–30 Min

HÜPFEKÄSTCHEN

Solche Hüpfspiele gab es schon vor 2000 Jahren! Römische Soldaten traten damals gegeneinander an, in voller Rüstung und mit schweren Waffen. So schwer habt ihr es heute nicht. Zeichnet einfach die Kästchen in die Einfahrt oder auf den Bürgersteig und legt los.

IHR BRAUCHT

- Straßenkreide
- Steinchen

ANLEITUNG

1. Die Hüpfekästchen mit Kreide aufzeichnen (siehe unten). Jedes Kästchen muss so groß sein, dass zwei Füße hineinpassen.
2. Den Stein in Feld 1 werfen. Er darf keinen Strich berühren. Jetzt auf einem Fuß über Feld 1 hüpfen, sodass ihr im nächsten Feld landet. Das Feld mit dem Stein darf nicht berührt werden.
3. Durch alle Felder hüpfen. Wenn zwei Felder nebeneinanderliegen, auf beiden Füßen landen (ein Fuß in jedem Feld).
4. Am Ende umdrehen und ebenso zurückhüpfen. Im vorletzten Feld anhalten, den Stein aufheben und über das Feld springen. Wer das schafft, ohne auf einen Strich zu treten oder die Kästchen zu verfehlen, darf weitermachen.
5. Den Stein in Feld 2 werfen. Wie vorher hüpfen, aber jetzt Feld 2 nicht berühren. Sieger ist, wer es zuerst mit dem Steinchen in allen Feldern schafft.

Nehmt für die Umrisse der Kästchen und die Zahlen **verschiedene Farben.**

NOCH MEHR IDEEN

- Kästchen in verschiedenen Größen oder Formen (z. B. **Kreise**) zeichnen.
- Mit der **Stoppuhr** messen, wer bei einem Durchgang wie schnell ist.

AUSPROBIEREN!
Wechselt euch ab, wenn eine neue Zahl an der Reihe ist.

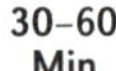

30–60 Min

BLUMEN WEBEN

Weben macht viel Spaß. Es fördert die Kreativität, die Geschicklichkeit und die Geduld. Im Garten, in Parks oder auf einer Wanderung kann man viele tolle Naturmaterialien finden, die sich zum Weben eignen. So können aus Blumen, Gräsern und Blättern tolle Kunstwerke entstehen.

IHR BRAUCHT

- 4 feste Zweige in ähnlicher Größe
- Schnur oder Bindfaden
- Schere
- Blätter, Grashalme und Blumen zum Weben

ANLEITUNG

1. Zuerst die Zweige sammeln. Für einen quadratischen Rahmen müssen sie etwa gleich lang sein. Für einen rechteckigen Rahmen braucht ihr zwei längere und zwei kürzere Zweige.
2. Die Zweige an den Ecken fest zusammenschnüren. Die Schnur verknoten und abschneiden.
3. Die Schnur an einer Ecke des Rahmens neu festknoten.
4. Die Schnur mit kleinen Abständen von oben nach unten um den Rahmen wickeln, immer hin und her, bis der ganze Rahmen bespannt ist. Die Schnur gut festziehen. Am Ende verknoten.
5. Jetzt verschiedene Naturmaterialien sammeln, die zwischen die gespannten Schnüre gewebt werden können. Los geht's!

Fädelt die Fundstücke abwechselnd **über und unter** die gespannten Schnüre.

NOCH MEHR IDEEN

- Ihr könnt ein Muster aus bunten **Blumen** gestalten.
- Webt dazwischen **Grashalme** in verschiedenen Längen ein.
- Es macht Spaß, mehrere Rahmen **in verschiedenen Größen** im Haus oder draußen aufzuhängen.

AUSPROBIEREN!
Bringt den Rahmen an Pfosten an und bestückt ihn in jeder Jahreszeit neu.

AUSPROBIEREN!

Dieses Elfenhaus hat mehrere Etagen mit Fenstern.

1 Std

ELFENTÜREN

Durch eine Elfentür kann man eine wunderbare Fantasiewelt betreten, in der Elfen, Feen und andere Waldbewohner Seite an Seite mit uns Menschen leben. Aber nur wer an diese magische Welt glaubt, wird in der Lage sein, die Eingangstüren zu finden.

IHR BRAUCHT

- 9 Eisstiele
- Klebstoff
- Lackmarker
- Dünne Zweige
- Pappe (wahlweise)
- Schere (wahlweise)

ANLEITUNG

1. Es gibt verschiedene Methoden, eine Elfentür zu bauen, aber am einfachsten ist es mit Eisstielen. Ihr könnt die Stiele zuerst bemalen.
2. Sieben Stiele senkrecht nebeneinander legen.
3. Die Rückseite der beiden anderen Stiele mit Klebstoff bestreichen.
4. Die beiden letzten Stiele quer auf die sieben senkrechten kleben, um sie zusammenzuhalten. Fertig ist die Form der Tür.
5. Die Vorderseite der Tür mit Lackmalstiften bemalen.
6. Die Zweige auf die Tür kleben.
7. Ihr könnt auch Türen in verschiedenen Formen aus Pappe ausschneiden und bemalen.
8. Die fertige Tür zwischen Baumwurzeln klemmen oder an einen Baumstamm lehnen. Keine Nägel oder Schrauben verwenden, denn dadurch kann der Baum langfristig Schaden nehmen.

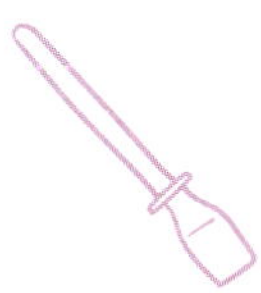

MEHR ZEIT?

- Bastelt außerdem **Fenster.** Was seht ihr, wenn ihr hineinschaut? Und was sieht wohl eine Elfe, die aus dem Fenster in euren Garten blickt?

MEHR IDEEN

- Stellt euch **die Bewohner** des Elfenhauses vor. Wie heißen sie? Was könnte an ihrer Tür stehen?
- Schreibt **einen Brief** an die Elfen. Erzählt darin etwas über euch.

BLUMEN PRESSEN

1 Std

In der Vase verwelken Blumen schnell, aber manche sind so schön, dass man sich gern länger an ihnen freuen möchte. Dann kann man sie pressen, damit sie länger halten. Das haben schon die Griechen und Römer vor mehr als 2000 Jahren getan!

IHR BRAUCHT

- Blumen – am besten mit flachen Blütenköpfen, z. B. Gänseblümchen, Stiefmütterchen oder Veilchen
- Schere
- Zeitungspapier
- Bücher oder Pflanzenpresse
- Schnittgrün (wahlweise)

ANLEITUNG

1. Die Blumen sammeln und verwelkte Teile abschneiden. Anschließend lässt man die Blumen etwas trocknen.
2. Wer keine Pflanzenpresse hat, legt die Blüten zwischen Zeitungspapier und dann zwischen Buchseiten. Mehrere Blüten und Blätter oder Gräser können nebeneinander auf einer Buchseite Platz finden.
3. Wenn die Blumen richtig liegen, das Buch vorsichtig zuklappen.
4. Nun das Buch beschweren, z. B. mit einem Stapel dicker Bücher. Alles 1–2 Wochen an einen trockenen, nicht zu warmen Platz legen.

Die Blüten und Blätter dürfen einander nicht **überlappen.**

NOCH MEHR IDEEN

- **Blätter und Gräser** sehen interessant aus und füllen Lücken zwischen den Blumen.

AUSPROBIEREN!

Aus gepressten Blumen kann man tolle **Collagen** gestalten.

MATSCH!

Kinder lieben Matsch, denn er ist ein großartiges Spielmaterial. Er regt die Sinne kleiner Kinder an und bietet größeren Kindern viele Ansätze für die Kreativität. Mehr als Gartenerde und Wasser braucht man nicht.

BAUEN MIT MATSCH

Matsch ist ein großartiges Baumaterial, weil er sich so leicht formen und modellieren lässt. Er ist wie geschaffen für kleine und große Bauvorhaben, und falls mal etwas nicht nach Plan läuft, kann man jederzeit von vorn anfangen.

GUT ZU WISSEN

- Das Spielen mit Matsch stärkt das **Immunsystem** und fördert die Ausschüttung des Wohlfühlhormons **Serotonin**. Trotzdem anschließend die Hände waschen!

Ihr könnt Matsch wie **Mörtel** zwischen Bauklötzen benutzen.

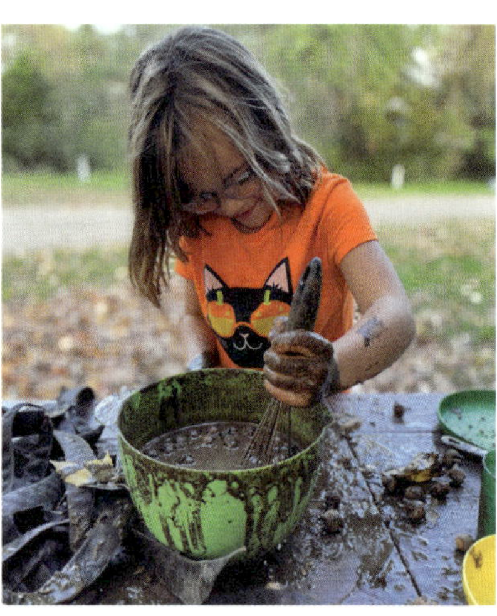

Zum Rühren eignen sich Schneebesen, Löffel, Spatel, Zangen oder die Hände.

MATSCHKÜCHE

Holt die Küchenutensilien raus! Das Hantieren mit Matsch fördert die Grob- und Feinmotorik von den Fingern bis in die Schultern. Rührt den Matsch in Schüsseln um. Gebt Wasser dazu. Wird das Rühren dann schwieriger oder leichter?

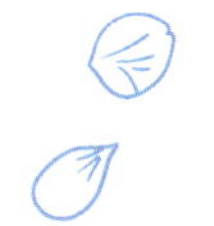

MEHR ZEIT?

- Mischt Gräser, Kiesel, Blätter, Blütenblätter oder Eicheln unter den Matsch. Dann fühlt er sich anders an, und man kann andere Dinge damit machen.
- **Verziert** eure Matsch-Bauwerke mit Fundstücken aus der Natur.

Zieht **Schuhe und Kleidung** an, die richtig schmutzig werden dürfen.

SPIELZEUG

Nehmt Fahrzeuge und Spielfiguren aus Plastik mit. Matsch macht ihnen nichts aus. Baut Urwälder oder Straßen, baggert Gräben und fahrt mit Lastwagen durch den Matsch. Danach könnt ihr das Spielzeug einfach mit Wasser abspülen.

Matsch kann man von **Plastikspielzeug** einfach abwaschen.

MATSCHBAD

Es ist eine unvergleichliche Sinneserfahrung, wenn der ganze Körper mit Matsch bedeckt ist. Probiert es aus: Legt euch in den Matsch, wälzt euch und tut so, als würdet ihr schwimmen. Dann spült alles gut ab und spürt, wie weich sich eure Haut anfühlt.

WATEN IM MATSCH

Im Schlamm zu waten ist anstrengend, trainiert aber Motorik und Gleichgewichtssinn. Zieht die Schuhe aus, bewegt euch langsam und spürt bei jedem Schritt den Sog. Wenn der Schlamm sehr tief ist, benutzt einen Stock, um das Gleichgewicht zu halten.

Startet eine **Rettungsaktion** für Spielzeug, das im Matsch verschollen ist.

1–2 Std

SALAMANDER ENTDECKEN

Habt ihr schon einmal einen Salamander oder Molch gesehen? Sie ähneln kleinen Eidechsen, gehören aber zu den Amphibien. Wenn sie ausgewachsen sind, leben sie meist an Land, legen aber ihre Eier ins Wasser. Es gibt mehr als 700 Arten. Sie leben in vielen Gebieten der nördlichen Erdhalbkugel, am liebsten in der Nähe von Gewässern, wo es feucht ist.

IHR BRAUCHT

- Handschuhe (wahlweise)
- Taschenlampe (bei Dunkelheit)

ANLEITUNG

1. Salamander sind an Land aktiver, wenn es kühl und feucht ist. Am besten geht ihr in regnerischen Nächten auf die Suche, zum Beispiel an Weg- und Straßenrändern oder in der Nähe von Bächen, Feuchtgebieten oder Teichen. Ein Erwachsener muss mitgehen.
2. Es kann sein, dass ihr unter Gegenstände schauen müsst, um Salamander zu finden. Achtet darauf, dass ihr den Lebensraum immer so zurücklasst, wie ihr ihn gefunden habt. Seid vorsichtig und legt alles wieder so hin, wie es war.
    - Vorsichtig mittlere oder große Steine umdrehen. Darunter sitzen oft Salamander und fressen Insekten.
    - Die Umgebung von Felsen untersuchen. Dort ist die Luftfeuchtigkeit höher, darum suchen Salamander dort Unterschlupf.
    - Laubhaufen, Wurzelballen und Moosmatten vorsichtig anheben.

GUT ZU WISSEN

- Forscher, die Amphibien und Reptilien studieren, nennt man auch Herpetologen. Der Name kommt von dem griechischen Wort *herpien*, das »kriechen« bedeutet.
- Zu den Amphibien gehören Salamander, Molche, Frösche und Kröten.
- Amphibien legen ihre Eier ins Wasser. Ihre Jungen leben zuerst im Wasser und entwickeln erst nach einiger Zeit ihre erwachsene Gestalt. Dann gehen sie an Land und können Wasser durch ihre Haut aufnehmen.

AUSPROBIEREN!
Tiere immer sehr vorsichtig anfassen und anschließend die Hände waschen.

20 Min ohne Wartezeit

EINEN BAUM PFLANZEN

Bäume sind sehr wichtig für unsere Umwelt und unser Klima. Ein Baum kann so alt werden, dass eure Kinder ihn noch bewundern können.

IHR BRAUCHT

- Baumsamen
- Großen Pappbecher
- Bleistift
- Erde
- Wasser
- Untersetzer

ANLEITUNG

1. Baumsamen muss man nicht kaufen, man kann sie sammeln. Eicheln eignen sich gut, ebenso die kleinen »Hubschrauber« des Ahorns. Und auch in Baumzapfen finden sich normalerweise Samen.
2. Mit dem Bleistift einige Löcher in den Boden des Bechers stechen. Den Becher mit Erde füllen und die Samen 2–3 cm tief hineinstecken. Anschließend die Hände waschen und den Becher auf einen Untersetzer stellen.
3. Wenn eine kleine Pflanze erscheint, den Becher an einen warmen, sonnigen Platz stellen und jeden Tag begießen. Die kleine Pflanze sollte etwa ein Jahr lang im Haus bleiben.
4. Wenn das Bäumchen 40–50 cm hoch ist, wird es 1–2 Stunden ins Freie gestellt, damit es sich an die Witterung gewöhnen kann. Stellt es dann jeden Tag ein bisschen länger nach draußen. Diesen Vorgang nennt man Abhärten.
5. Nun an einem freien, sonnigen Platz ein Loch graben und das Bäumchen einpflanzen. Das Loch mit Erde auffüllen und den Baum regelmäßig begießen, damit er gut wächst.

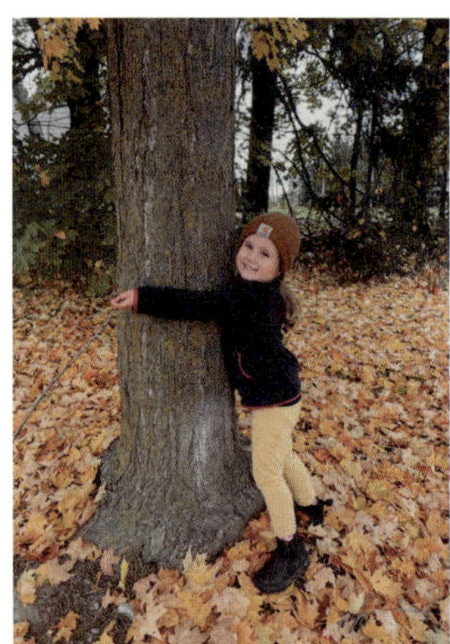

Einen Baum zu **umarmen** macht gute Laune!

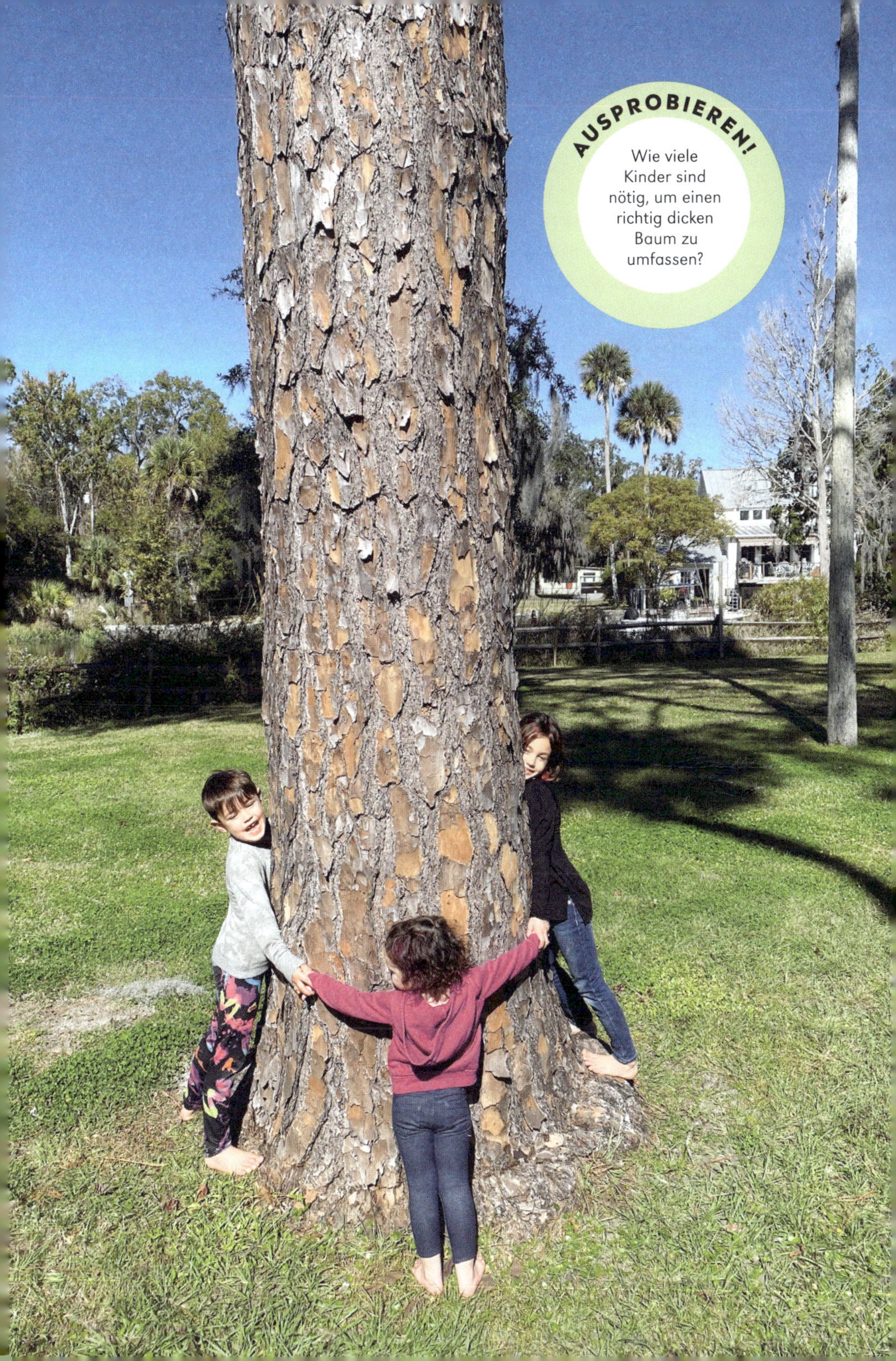
AUSPROBIEREN!
Wie viele Kinder sind nötig, um einen richtig dicken Baum zu umfassen?

MUSTER SUCHEN

In der Natur gibt es viele wunderschöne Muster zu entdecken: Symmetrien, Spiralen, Verzweigungen, Mosaike, Fraktale, Streifen und vieles mehr. Künstler haben sich oft von solchen Mustern für ihre Werke inspirieren lassen.

GENAU HINSCHAUEN

Wenn man erst einmal anfängt, Muster in der Natur zu suchen, entdeckt man sie überall. Sogar einfache Pflanzen können wunderschöne, raffinierte Muster haben.

MEHR ZEIT?

- Versucht, Muster aus der Natur zu **zeichnen.** Schaut euch Pflanzen, Insekten, Baumrinde oder die Streifen und Punkte von verschiedenen Tierfellen genau an.

Solche kreis- oder **spiralförmigen** Muster findet man oft in der Natur.

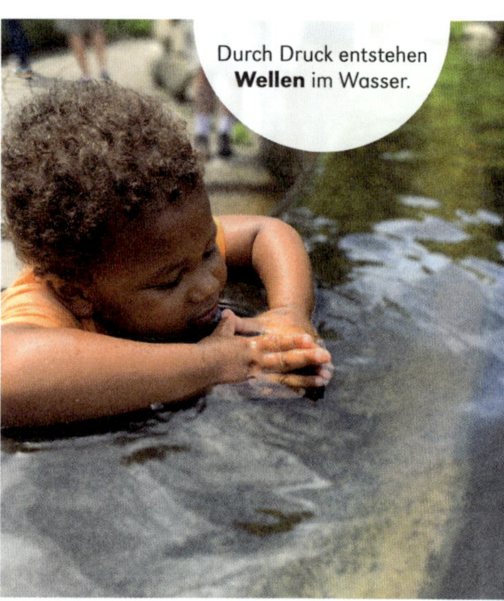

Durch Druck entstehen **Wellen** im Wasser.

FRAKTALE

Fraktale sind Muster einer bestimmten Form, die sich wiederholen und dabei immer kleiner (oder immer größer) werden. Fraktale finden sich in Farnen, Baumzweigen, Baumzapfenspiralen, Schneeflocken und sogar in den Nervenbahnen unseres eigenen Gehirns.

SELBST MUSTER MACHEN

Du kannst die Muster der Natur malen oder zeichnen, aber du kannst auch selbst Muster in der Natur machen. Probiere aus, was für Muster und Formen du mit Wasser gestalten kannst. Wie verändern sich die Wellen, wenn du deine Hände auf unterschiedliche Weise bewegst?

MATHE IN DER NATUR

Bienenstöcke sind ein Beispiel für ein Muster, das als Parkettierung bezeichnet wird und bei dem alle Formen lückenlos aneinander passen.
In der Fibonaccifolge ist jede Zahl die Summe der beiden vorhergehenden (0, 1, 1, 2, 3, 5, 8, 13 usw.).

NOCH MEHR IDEEN

- Überlegt einmal, welchen Zweck Muster in der Natur haben. Wie **nützen** die Muster einem Tier oder einer Pflanze?

Durch den Wind entsteht im **Sand** oft ein Wellenmuster.

Die Kerne einer **Sonnenblume** sind ein Beispiel für eine Fibonaccifolge.

Auch das Spiralmuster einer **Artischocke** entspricht einer Fibonaccifolge.

Spinnennetze sind radialsymmetrisch, genau wie Orangen- und Zitronenscheiben.

Die Schwanzfeder eines **Pfauenhahns** hat ein Fraktalmuster.

Im Holz sieht man **Jahresringe** und außerdem strahlenförmige Risse.

1–2 Std ohne Wartezeit

SCHÄTZE IM EIS

Dies ist ein tolles Spiel gegen Langeweile. Es trainiert die Fein- und Grobmotorik und die Geduld, und gerade an heißen Tagen ist es angenehm, etwas Kühles anzufassen. Es gibt unendlich viele Möglichkeiten, was man einfrieren kann, wie man gefrorenes Spielzeug aus dem Eis befreit und welche Eisformen man im Gefrierschrank herstellen kann.

IHR BRAUCHT

- Verschiedene kleine, unzerbrechliche Plastikspielsachen
- Verschiedene Behälter zum Einfrieren, z. B. Joghurtbecher
- Kaltes Wasser
- Kinderhammer
- Krug mit warmem Wasser
- Sprühflasche mit warmem Wasser
- Handtücher

ANLEITUNG

1. Ein Plastikspielzeug (oder mehrere) in jeden Behälter legen und mit kaltem Wasser auffüllen. Das Wasser muss das Spielzeug vollständig bedecken. Keine zu kleinen Spielsachen verwenden, die Kinder in den Mund stecken könnten.
2. Die Behälter einige Stunden oder über Nacht ins Gefrierfach stellen, bis das Wasser gefroren ist.
3. Das Eis aus den Behältern nehmen. Nun müssen die Kinder das Spielzeug »befreien«. Sie können dafür den Hammer oder warmes Wasser verwenden oder sie draußen einfach auf den Boden fallen lassen.
4. Wenn das zu lange dauert oder zu schwierig ist, können Erwachsene helfen und die Eisblöcke unter heißes Wasser halten.

MEHR ZEIT?

- Das Wasser **in Schichten** einfrieren, sodass die Spielzeuge ganz im Eis verborgen sind, statt an der Oberfläche zu schwimmen.

NOCH MEHR IDEEN

- Plastiktiere in verschiedenen Behältern einfrieren und **retten.**
- Das Wasser mit **Lebensmittelfarbe** einfärben. Aber Vorsicht: Das Schmelzwasser kann Flecken auf Haut und Kleidung verursachen.

AUSPROBIEREN!
Beobachtet, was passiert, wenn das Eis schmilzt.

WANDERFREUDEN

Wanderungen sind großartige Gelegenheiten, die Natur zu erleben. Unterwegs gibt es für jeden etwas zu entdecken – für die Jüngsten und die Großeltern und für alle Altersgruppen dazwischen.

KINDERTEMPO

Beim Wandern mit Kindern müssen Erwachsene langsamer gehen. Das hilft ihnen, die Welt mit Kinderaugen zu sehen. Wanderungen mit Kindern dauern meist länger. Darum ist es wichtig, ausreichend Wasser und Proviant einzupacken.

GENERATIONEN

Menschen jedes Alters können wandern, wenn die Tour nicht zu lang oder zu schwierig ist. Geht es langsam an, genießt die Natur und freut euch darüber, welche unterschiedlichen Dinge die Menschen verschiedener Generationen entdecken.

Spielt unterwegs **Spiele** wie »Ich sehe was, was du nicht siehst« oder »Schatzsuche«.

Sucht für jeden einen **Wanderstock.**

NOCH MEHR IDEEN

- Schafft **Wandertraditionen.** Unternehmt mit der ganzen Familie jedes Jahr am gleichen Tag eine Wanderung oder geht mehrmals im Jahr denselben Weg.

VERKLEIDEN

Viele Kinder verkleiden sich gern. Warum nicht mit Hut und Umhang wandern? Beim Rennen flattert ein Umhang im Wind. Solche Spiele regen die Vorstellungskraft an und laden zu Fantasiespielen ein.

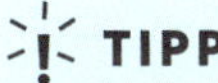

TIPP

- Die Verkleidung sollte zur **Jahreszeit** passen. Im Winter wärmt eine dicke Verkleidung schön. Ein flatternder Umhang oder eine Krone eignen sich für den Sommer.

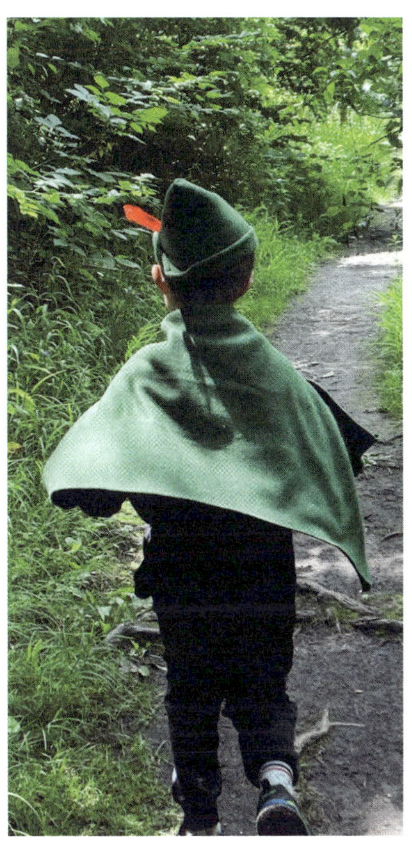

BESCHÄFTIGUNG BEIM WANDERN

Beim Wandern kann man Geocaching probieren, Musik hören oder Geschichten erzählen. Um auf einem Grashalm zu pfeifen, muss man ihn zwischen die Daumen klemmen und dann in die Lücke blasen.

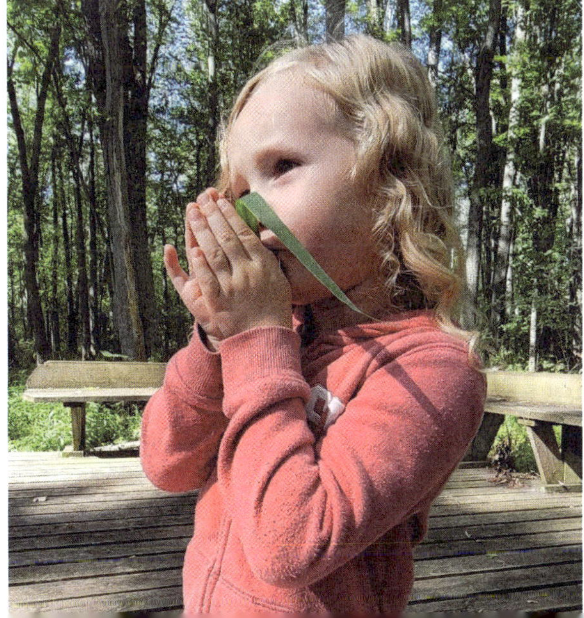

Robin Hood ist im Wald unterwegs. Es könnte aber auch ein Dinosaurier, ein Roboter oder ein Alien sein.

Wer kann auf einem **Grashalm** pfeifen?

KAPITEL DREI

SOMMER

BLÜTEN IN EIS

45 Min ohne Wartezeit

An einem heißen Tag ist das Spielen mit Eis eine tolle Abkühlung und eine interessante sensorische Erfahrung. Dieses Spiel beginnt am ersten Tag mit der spannenden Suche nach Dingen, die eingefroren werden. Dann muss man warten, bis am nächsten Tag mit dem faszinierenden Eis gespielt werden kann.

IHR BRAUCHT

- Eiswürfelformen, Muffinformen oder kleine Kuchenformen
- Wasser (am besten destilliert)
- Kleine Blumen in verschiedenen Farben
- Tiefkühlfach

ANLEITUNG

1. Die Eiswürfel- oder Muffinformen zu einem Viertel mit Wasser füllen. Blüten oder Blütenblätter darauflegen.
2. 20 Minuten ins Gefrierfach stellen.
3. Aus dem Gefrierfach nehmen. Jetzt können weitere Blüten hinzugefügt werden.
4. Die Förmchen bis an den Rand mit Wasser füllen. Das Einfrieren in zwei Schritten sorgt dafür, dass die Blüten nicht an der Oberfläche schwimmen.
5. Die Formen über Nacht ins Tiefkühlfach stellen.
6. Am nächsten Tag die Eisblöcke aus den Formen nehmen.
7. Wenn das Eis schmilzt, könnt ihr euch die Blüten darin ganz genau ansehen.

Taut die Eisformen in eurer **Matschküche** (siehe Seite 34) auf.

NOCH MEHR IDEEN

- Wenn das Eis nicht **klar** wird, kocht beim nächsten Mal das Wasser ab und lasst es ganz abkühlen.
- Wenn ihr **essbare Blüten** wie Stiefmütterchen, Gänseblümchen oder kleine Rosen nehmt, könnt ihr die Eiswürfel in Getränke legen. Dann muss unbedingt ein Erwachsener kontrollieren, ob die Blüten ungiftig sind.

AUSPROBIEREN!
Lasst die Eisformen in einer großen Schüssel mit Wasser schwimmen.

30–60 Min

SONNENFÄNGER

So ein Sonnenfänger macht Lust darauf, hinaus in die Sonne zu gehen. Außerdem eignet er sich gut, um große Kartons zu verwerten, die sich von Lieferungen angesammelt haben. Der Clou ist das bunte Transparentpapier, das im Sonnenlicht farbenfrohe Schatten wirft.

IHR BRAUCHT

- Alte Kartons oder große Pappen
- Bleistift
- Schere oder Cutter
- Transparentpapier oder Zellophan (verschiedene Farben)
- Klebstoff

ANLEITUNG

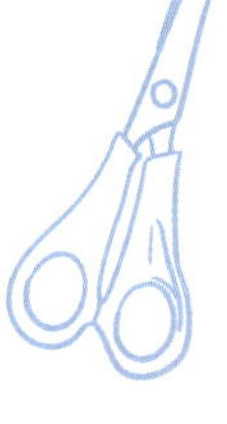

1. Zuerst ein Motiv wählen, vielleicht eine Blume, ein Blatt oder einen Regenschirm.
2. Das Motiv auf die Pappe zeichnen. Es muss einen einfachen Umriss und mehrere kleinere Formen im Inneren haben. Um die Löcher herum muss ein ausreichend breiter Rand aus Pappe stehen bleiben.
3. Die Form und die Löcher vorsichtig mit der Schere oder dem Cutter ausschneiden. Dabei sollte ein Erwachsener helfen.
4. Aus Transparentpapier Stücke zuschneiden, die rundherum etwa 2 cm größer sind als die Löcher.
5. Auf der Pappe die Ränder der Löcher mit Klebstoff bestreichen.
6. Das Transparentpapier oder Zellophan über die Löcher kleben. Überstehende Ränder abschneiden.
7. Wer möchte, kann eine zweite Form aus Pappe zuschneiden und auf die Rückseite kleben. Dann sind die unsauberen Ränder des Transparentpapiers verdeckt.

MEHR ZEIT?

- Klebt Transparentpapier in zwei **verschiedenen Farben** übereinander.
- Leuchtet im Dunkeln den Sonnenfänger mit einer **Taschenlampe** an. Wie sieht er im Haus aus?

NOCH MEHR IDEEN

- Hängt Sonnenfänger in **Blattform** an einen Baum.
- Bastelt einen Sonnenfänger für das **Kinderzimmerfenster.** Dann habt ihr bei Sonnenschein auch drinnen farbige Muster.

AUSPROBIEREN!
Dieser Schirm schützt nicht vor Regen, sorgt aber für tolle bunte Muster.

SCHMETTERLINGE

Schmetterlinge sehen wunderschön aus. Ihr Leben beginnt als Raupe, die sich je nach Art in etwa 30 Tagen in einen Schmetterling verwandeln kann. Auf der Welt gibt es mehr als 180 000 Arten von Schmetterlingen. Zum Schmecken benutzen sie nicht den Mund, sondern die Füße!

RAUPENBEINE

Raupen haben viele Beine, richtig? Es sieht zwar so aus, aber eigentlich haben sie nur sechs Beine, genau wie Schmetterlinge. Außerdem besitzen sie Bauchfüße, mit denen sie sich an Ästen und Blättern festhalten, aber nicht laufen können.

Raupen sind ausgesprochen gefräßig.

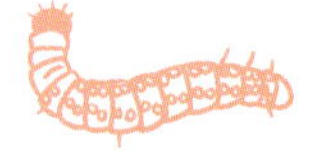

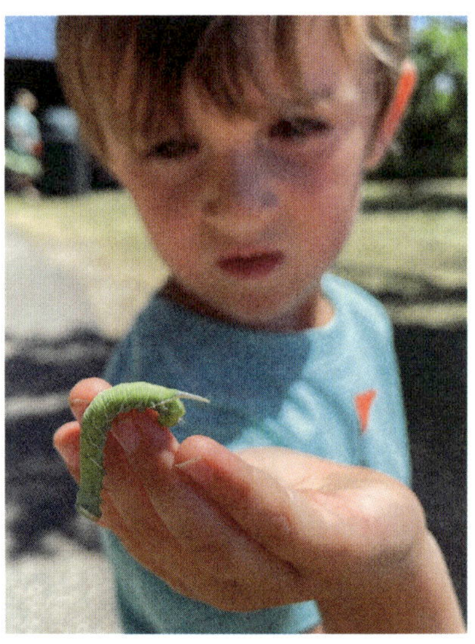

Es gibt viele **verschiedene Arten** von grünen Raupen.

RAUPENFARBEN

Raupen gibt es in vielen Farben. Einige sind sehr leuchtend, um ihre Fressfeinde davor zu warnen, dass sie giftig sind und nicht gefressen werden sollten. Andere nutzen die Farbe als Tarnung, um nicht gesehen und gefressen zu werden.

MEHR ZEIT?

- Unternehmt einen Spaziergang und versucht, möglichst **viele verschiedene** Raupen oder Schmetterlinge zu finden. Welche Farben haben sie?

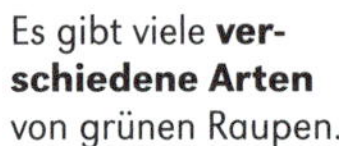

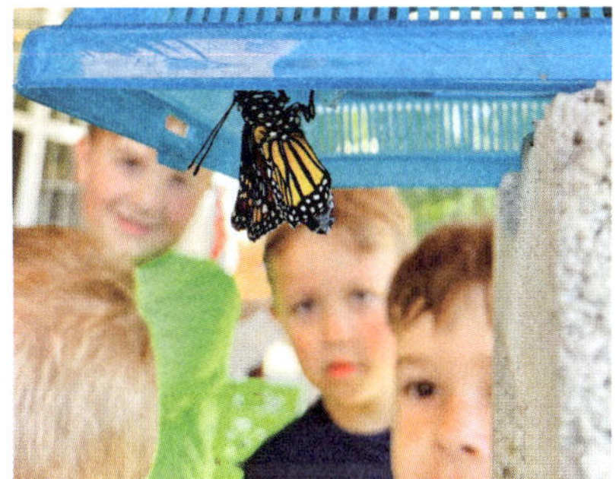

VERWANDLUNG

Metamorphose ist ein schwieriges Wort, aber die Verwandlung einer Raupe in einen Schmetterling ist auch eine schwierige Sache. Im Kokon verdaut sich die Raupe quasi selbst und kommt dann als Schmetterling heraus.

Es hängt vom Wetter ab, wann ein **Monarchfalter** aus seinem Kokon schlüpft.

FLIEGEN LASSEN

Im Fachhandel kann man Raupen kaufen, um ihre Verwandlung zu beobachten. Informiert euch, welche Nahrung sie brauchen. Wenn dann die Schmetterlinge schlüpfen, tragt sie hinaus und lasst sie fliegen. Das ist ein schönes Erlebnis.

Einen Schmetterling lässt man am besten eine Stunde **vor Sonnenuntergang** frei.

SCHMETTERLINGE FANGEN

Benutzt zum Fangen von Schmetterlingen ein spezielles Netz aus sehr weichem Stoff, um seine Flügel nicht zu beschädigen. Lasst den Schmetterling dort wieder frei, wo ihr ihn gefunden habt.

SCHMETTERLINGSFUTTER

Schmetterlinge fressen nur flüssige Nahrung. Sie haben am Kopf einen Saugrüssel, der aufgerollt ist, bis sie Nektar finden. Mit dem Rüssel trinken sie Nektar wie wir mit einem Trinkhalm.

Taucht ein Wattestäbchen in **Saft** und wartet, bis ein Schmetterling landet.

In einem **Schmetterlingspark** kann man viele seltene Schmetterlinge sehen.

2–4 Std

KÖRBE FLECHTEN AUS RANKEN

Habt ihr schon einmal Ranken gesehen, die an Bäumen wachsen oder von den Baumkronen herabhängen? Aus solchen langen Ranken kann man Körbe flechten. Das erfordert etwas Geschick und Geduld, ist aber ein gutes Training für die Fingerfertigkeit.

IHR BRAUCHT

- Ranken (zum Beispiel von Wein)
- Stabile Gartenschere
- Schnur oder Bindfaden

ANLEITUNG

1. Zuerst prüfen, ob die Ranken ungiftig sind. Das sollte ein Erwachsener übernehmen.
2. Die Ranken mit der Gartenschere abschneiden. Sammelt mehr, als ihr braucht, falls einige zu steif sind oder beim Flechten zerbrechen.
3. Drei lange, aber biegsame Ranken von 75–90 cm Länge bilden das Grundgerüst des Korbs.
4. Legt diese Ranken so hin, dass sie sich in der Mitte kreuzen und die Enden gleich lang sind (wie die Speichen eines Rads). Bindet sie in der Mitte mit der Schnur fest zusammen.
5. Die Ranken nach oben biegen, sodass sich ihre oberen Enden treffen. In 7,5 cm Abstand zu den Enden fest zusammenbinden. Jetzt ist das Gerüst des Korbs fertig. Es besteht aus 6 Speichen.
6. Am Kreuzungspunkt am Boden beginnen, wie beim Weben eine neue Ranke abwechselnd über und unter die Speichen des Gerüsts schieben. Wenn das Ende der Ranke erreicht ist, wird es einfach nach innen gesteckt. Dann mit einer neuen Ranke fortfahren.

Verwendet den Korb für **Eier,** Blumen oder Gemüse.

NOCH MEHR IDEEN

- Füllt den Korb mit Blumen und stellt ihn heimlich den **netten Nachbarn** vor die Haustür. Das ist eine schöne Überraschung!

AUSPROBIEREN!

Fertige Körbe könnt ihr an liebe Menschen verschenken.

5 Min

STOCKRENNEN

Stockrennen ist ein tolles Spiel für Groß und Klein. Man kann es allein spielen, zu zweit oder mit mehreren Freunden. Wenn genug Stöcke zu finden sind, kann man viele Runden spielen. Es ist spannend zu beobachten, welcher Stock am Ende gewinnt. Klar, dass ihr am Wasser immer besonders vorsichtig sein müsst.

IHR BRAUCHT

- Brücke über einem fließenden Gewässer (Bach oder Fluss)
- Stöcke
- Proviant (wahlweise)

ANLEITUNG

1. Jeder sucht sich einen Stock. Schaut euch die Stöcke genau an, damit ihr wisst, wem welcher Stock gehört. Wer allein spielt, nimmt zwei Stöcke.
2. Stellt euch auf eine Fußgängerbrücke über einem Fluss oder Bach – aber nicht aufs Geländer klettern! Besser ist es, wenn ein Erwachsener in der Nähe ist.
3. Beobachtet, in welche Richtung das Wasser fließt. Stellt euch so, dass das Wasser euch entgegenströmt.
4. Zählt laut bis drei und lasst eure Stöcke ins Wasser fallen (nicht werfen!). Sie werden von der Strömung unter die Brücke getragen.
5. Schnell auf die andere Seite laufen und beobachten, welcher Stock zuerst unter der Brücke herauskommt.
6. Der Besitzer dieses Stocks hat gewonnen.
7. Spielt mehrere Runden. Beobachtet, ob dickere oder dünnere Stöcke besser schwimmen.

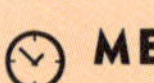

MEHR ZEIT?

- Lust auf ein **Turnier?** Spielt fünf Runden. Sieger ist, wer die meisten Runden gewonnen hat.
- Nehmt eine Wolldecke mit und macht zwischendurch ein **Picknick.** Dann könnt ihr länger draußen bleiben.

GUT ZU WISSEN

- Die Idee zu dem Spiel stammt aus dem Kinderbuch **Pu baut ein Haus** von A. A. Milne. Unbedingt lesen. Es gibt auch einen Disney-Film über den Bären Pu.
- Seit 1985 wird in England jedes Jahr eine **Weltmeisterschaft** im Stockrennen veranstaltet.

AUSPROBIEREN!
Wie bewegen sich die Stöcke? Drehen sie sich, tauchen sie unter oder bleiben sie hängen?

EIN TAG BARFUSS

Feste Schuhe schränken die natürliche Funktion unserer Füße ein. Darum ist es so angenehm, sie ab und zu auszuziehen. Lauft bei warmem Wetter doch mal einen ganzen Tag lang barfuß und beobachtet, wie es sich anfühlt!

MAL ANDERS LAUFEN

Versucht einmal, wie Tiere zu gehen. Ihr könnt tappen wie ein Bär, hoppeln wie ein Hase, springen wie ein Frosch oder watscheln wie eine Ente. Geht nur auf den Zehenspitzen, nur auf den Fersen oder auf den Außenkanten der Füße. Wie fühlt sich das an?

TIPP

- Achtet beim **Barfußlaufen** genau darauf, wo ihr hintretet. Die Haut an den Füßen ist dicker als am restlichen Körper, aber man kann sich trotzdem wehtun.

Die Fußsohlen schicken viele **Sinneswahrnehmungen** ans Gehirn.

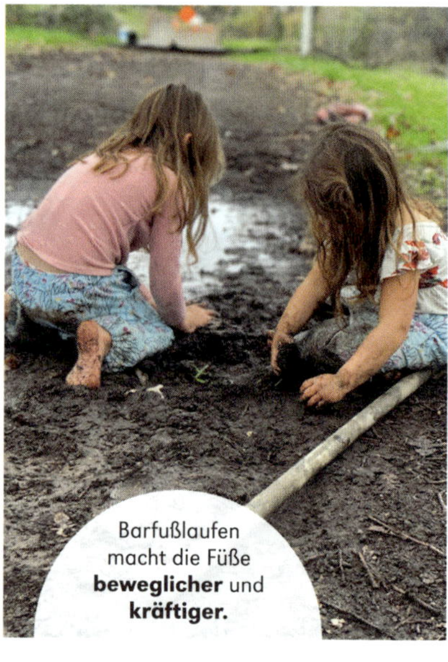

Barfußlaufen macht die Füße **beweglicher** und **kräftiger.**

NOCH MEHR IDEEN

- Versucht einmal, ein gefülltes Stoffsäckchen oder einen **Jonglierball** nur mit den Füßen in der Luft zu halten oder mit einem Fuß vom Boden aufzuheben.

FÜSSE IM SCHLAMM

An den Fußsohlen befinden sich mehr Nervenenden und Schweißdrüsen pro Quadratzentimeter als an jeder anderen Stelle des Körpers. Buddelt nicht nur mit den Händen im Matsch, sondern auch mal mit den Füßen!

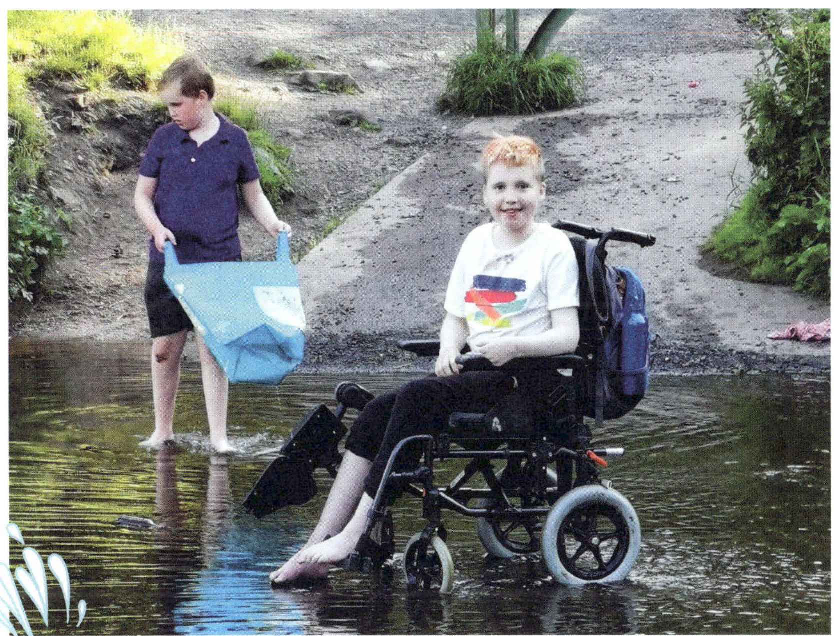

FÜHLEN MIT DEN FÜSSEN

Macht eure Füße in einem flachen Bach oder einer Regenpfütze nass. Setzt die Füße dann auf verschiedene Oberflächen wie Gras, Steine oder Baumrinde. Wie fühlen sie sich an? Wie ist die Temperatur?

Solche Spiele schulen den **Tastsinn.** Er ist wichtig für das Körperbewusstsein.

BARFUSS DURCH DIE NATUR

Unsere Füße sind beweglich und können sich verschiedenen Oberflächen anpassen. Man kann barfuß gut klettern, weil die Fußsohlen dem Gehirn Informationen über den Untergrund schicken. Achtet einmal genau darauf, was ihr im Freien mit euren Füßen fühlt.

Barfuß hat man oft eine bessere **Körperbeherrschung.**

BLUMEN AUFFÄDELN

1–2 Std

Eine Krone muss nicht aus Gold und Edelsteinen bestehen. Blumenkronen sind mindestens genauso schön. Aus Ringelblumen kann man tolle Kronen oder Girlanden basteln. Man kann sie leicht im Garten ziehen, aber auch auf dem Markt oder im Blumengeschäft kaufen.

IHR BRAUCHT

- Ringelblumen
- Schere
- Nähgarn (Farbe nach Wahl)
- Nähnadel

ANLEITUNG

1. Zuerst Ringelblumen sammeln – im Garten oder vielleicht bei Freunden oder Nachbarn. Für ein kleines Kind braucht man etwa 20 Blüten.
2. Alle Stiele 2,5 cm unter der Blüte abschneiden.
3. Einen Faden abschneiden, der 5 cm länger ist als der Kopfumfang.
4. Den Faden in die Nadel einfädeln. Ins andere Ende einen Knoten binden. Nun die Nadel durch die dicke Stelle auf der Rückseite der Blüten schieben. Passt auf, dass ihr euch nicht stecht! Ihr könnt euch von einem Erwachsenen helfen lassen.
5. So fahrt ihr fort, bis alle Blumen aufgefädelt sind. Jetzt müssen noch die Enden des Fadens verknotet werden. Dann kann das Kind die Krone aufsetzen und über sein Königreich regieren.

Auch **Tagetes** und andere Blumen kann man auffädeln.

NOCH MEHR IDEEN

- Mit längeren Fäden könnt ihr **Girlanden** auffädeln. Verknotet die Enden nicht, sondern hängt die Girlanden an die Tür, die Gartenpforte oder den Balkon.

AUSPROBIEREN!
Fädelt auch gleich Blumenkronen für die besten Freundinnen. Keine Königin ist gern allein!

30–60 Min

KUNST IM SAND

Beim Stichwort Strand denkt man an rauschende Wellen, kreischende Möwen und natürlich an Sandburgen! Es müssen aber nicht immer Burgen sein, denn aus Sand kann man so viel bauen. Und am Strand finden sich jede Menge tolle Dinge, mit denen man die fertigen Bauwerke verzieren kann.

IHR BRAUCHT

- Sand
- Fundstücke vom Strand: Steine, Muscheln, Treibholz, Federn, Seetang
- Eimer und Schaufeln (wahlweise)

ANLEITUNG

1. Überlegt zuerst, was ihr bauen wollt. Soll das Kunstwerk hoch wie ein Berg sein oder sich am Boden ausbreiten wie eine Stadt?
2. Dann einen guten Platz finden – am besten einen, an dem die Flut euer Kunstwerk nicht so schnell zerstört.
3. Nun auf die Suche nach Material zum Verzieren des Bauwerks gehen.
4. Dann wird gebaut. Vielleicht müsst ihr den Sand mit etwas Meerwasser anfeuchten, damit er besser hält.
5. Zuletzt das Bauwerk mit den Fundstücken verzieren.

Aus Sand kann man auch **Figuren** formen.

NOCH MEHR IDEEN

- Grabt einen **Kanal** bis zum Meer. Wenn Wellen kommen, füllt er sich mit Wasser.
- Versucht, viele **Muscheln** zu finden, die gleich aussehen. Findet ihr genug für euer ganzes Bauwerk?
- Steckt eine **Möwenfeder** als Fahne in die Spitze eures Bauwerks.

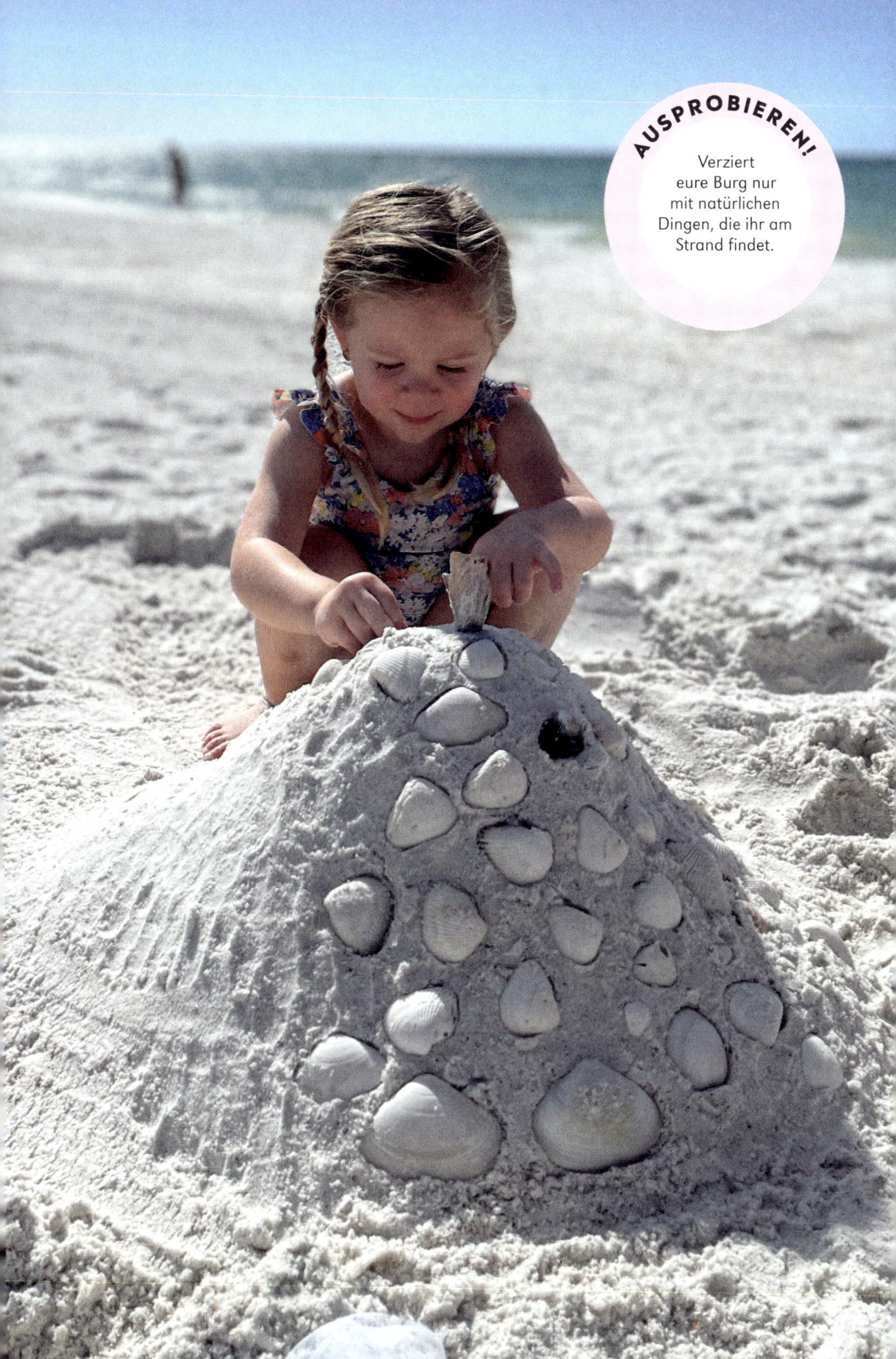
AUSPROBIEREN!
Verziert eure Burg nur mit natürlichen Dingen, die ihr am Strand findet.

KAROTTEN PFLANZEN

30 Min

Wer Gemüse selbst anbaut, kann entdecken, wie viele spannende Sorten es gibt. Meint ihr, Karotten sind immer orange? Von wegen! Es gibt auch Sorten in Weiß, Gelb, Rot und Violett. Wenn ihr sie alle pflanzt, könnt ihr einen kunterbunten Salat daraus zubereiten.

IHR BRAUCHT

- Erde
- Schaufel
- Karottensamen
- Wasser

ANLEITUNG

1. Karotten sind ein Wurzelgemüse. Sie wachsen gerade in die Erde hinab, darum muss die Erde locker sein. Lockert ein Stück Gartenerde mit der Schaufel und sammelt alle Steine heraus. Danach die Hände waschen!
2. Eine 5 mm tiefe Rille in die Erde ziehen und alle 8 cm einige Karottensamen hineinlegen. Die Samen mit etwas Erde bedecken und bis zur Ernte regelmäßig begießen.
3. Nach einigen Wochen zeigt sich das erste Grün. Wenn die Pflänzchen 10 cm hoch sind, müssen einige herausgezogen werden, damit sie nicht zu eng stehen. Dafür die kleine Pflanze direkt über der Erde anfassen und gerade herausziehen, damit die anderen nicht gestört werden. So haben die Nachbarpflanzen mehr Platz zum Wachsen.
4. Zum Ernten lassen sich die Karotten am besten herausziehen, wenn die Erde feucht ist. Kaltes Wetter sorgt dafür, dass die Karotten süßer schmecken. Darum werden viele Sorten erst nach dem ersten Frost geerntet.

MEHR ZEIT?

- Pflanzt **Kopfsalat** neben eure Karotten. Er lockert den Boden auf, sodass die Karotten noch besser wachsen.

NOCH MEHR IDEEN

- Die Karotten schräg in 5 cm dicke Scheiben schneiden. Mit Olivenöl mischen und mit etwas Salz bestreuen. Dann im Backofen bei 200 °C etwa 20 Minuten backen. Dabei sollte ein Erwachsener helfen.

AUSPROBIEREN!
Ratet vor dem Ernten, welche Farben die Karotten wohl haben.

WASSERSPIELE

An heißen Hochsommertagen gibt es nichts Besseres, als mit Wasser zu spielen. Kühles Wasser erfrischt, aber es beruhigt auch und regt die Sinneswahrnehmung der Kinder an.

GARTENSCHLAUCH

Schon mit einem gewöhnlichen Gartenschlauch kann man jede Menge Spaß haben. Je nachdem, wie man den Daumen vor die Öffnung hält, kommt immer ein anderer Strahl heraus. Natürlich gibt es auch Düsen zum Anschrauben.

Versucht einmal, unter einem **Wasserstrahl** durchzulaufen, ohne nass zu werden.

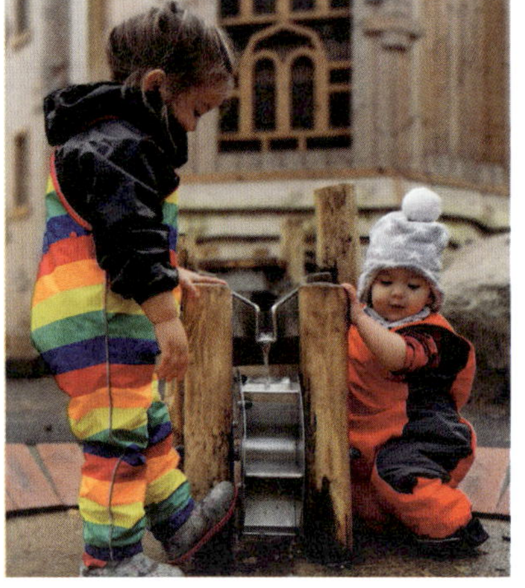

PUMPEN

Kleinere Kinder können sich stundenlang damit beschäftigen, Wasser zu pumpen und durch Röhren oder Kanäle laufen zu lassen. Wenn sie das Wasser transportieren, schöpfen, gießen oder mit ihren Händen hindurchfahren, können sie sich gut entspannen.

Mit Resten von **PVC-Rohren** können Eltern selbst Wasserspiele bauen.

RUTSCHEN

Eine Rutsche oder Plastikplane mit Wasser (und vielleicht etwas Seife) anfeuchten und losrutschen. Dabei darf der ganze Körper nass werden. Ein Erwachsener sollte in der Nähe sein.

Damit die Plane rutschig bleibt, den Schlauch **nicht abdrehen.**

Wie lange schwimmt ein **Papierschiff,** bevor es durchweicht?

SCHIFFCHEN

Faltet Schiffe aus Papier und probiert, ob sie schwimmen, ohne zu kentern. Versucht es mit verschiedenen Formen und Materialien. Setzt Segel darauf und pustet, um die Schiffe zu bewegen. Ihr könnt auch ein Bootsrennen veranstalten.

Mit **Sprühflaschen** könnt ihr Muscheln und Steine säubern.

SPRÜHFLASCHEN

Beim Sprühen sieht man sofort, was passiert, wenn etwas nass wird. Oft fühlt man auch den Sprühnebel. Sprühflaschen kräftigen die Hände. Ihr könnt damit Pflanzen begießen oder Kreide abwaschen.

NOCH MEHR IDEEN

- Füllt eine Sprühflasche mit eiskaltem und eine mit warmem Wasser. Welche **Temperatur** ist angenehmer zum Spielen? Warum?

WELLENSPRINGEN

Wellenspringen macht großen Spaß, aber es kommt auch auf das richtige Timing an. Man muss die herankommenden Wellen genau beobachten. Wenn ihr in der Brandung spielt, sollte immer ein Erwachsener in der Nähe sein.

Es gibt viele **natürliche Rhythmen** wie die Gezeiten, die Wellen und die Jahreszeiten.

FOLIENKUNST

15–30 Min

Malen ist eine tolle Beschäftigung für Kinder und Erwachsene. Normalerweise malt man auf Papier oder Leinwand, aber es geht auch anders. Versucht es einmal mit einer großen, durchsichtigen Folie, zum Beispiel einem alten Duschvorhang. Weil ihr draußen malt, dürft ihr dabei auch ruhig kleckern.

IHR BRAUCHT

- Klebeband oder Reißzwecken
- Große Folie (z. B. alten Duschvorhang)
- Malkittel
- Acrylfarben
- Plastikbecher oder Pappteller für die Farben
- Pinsel (verschiedene Größen)

ANLEITUNG

1. Wer möchte, kann sein Motiv zuerst auf Papier vorzeichnen. Überlegt, was man durch die Folie sieht, und baut diesen Hintergrund in euer Bild ein.
2. Nun muss die Folie mit Klebeband oder Reißzwecken draußen in einer guten Höhe zum Malen aufgehängt werden. Dabei kann euch ein Erwachsener helfen.
3. Zieht euch Malkittel an – oder Kleidung, die Flecken bekommen darf.
4. Jetzt kann es losgehen. Verwendet zum Malen unbedingt Acrylfarben. Andere Farben haften auf der Folie nicht.
5. Schaut euch euer Kunstwerk aus größerer Entfernung an. Wie sieht es zusammen mit dem natürlichen Hintergrund aus?

Deckt den Boden mit einer **Malerplane** ab.

NOCH MEHR IDEEN

- Baut etwas in eure Bilder ein, was ihr draußen seht: einen **Vogel,** einen besonderen **Baum** oder ein **Eichhörnchen.**
- Mischt Farben mit **Weiß,** um sie aufzuhellen.

AUSPROBIEREN!
Befestigt die Plane zwischen zwei Bäumen, dann habt ihr eine natürliche Staffelei.

3–4 Std ohne Wartezeit

BOHNEN-WIGWAM

Schon früher haben die Menschen einen Unterschlupf gebraucht, mal zum Schutz vor schlechtem Wetter, mal als Versteck – wie Robin Hood, der sich vor dem Sheriff von Nottingham verstecken musste. Hier bauen wir ein grünes Versteck mit kletternden Bohnen.

IHR BRAUCHT

- Samen für Stangenbohnen (keine Buschbohnen)
- Stabile Schnur
- 5 lange Holzstangen (ca. 2,5 m lang)
- Schere

ANLEITUNG

1. Für ein Bohnen-Wigwam braucht man nicht viel Platz. Ein kleines Gartenbeet genügt. Auf dem Balkon könnt ihr hohe Sonnenblumen in Kübel pflanzen.
2. Für das Gerüst einen Kreis ins Beet ziehen und die Stangen hineinstecken. Die oberen Enden mit Schnur fest zusammenbinden. Die Schnur auch weiter unten um die Stangen wickeln, damit sie fest stehen. Dabei sollte ein Erwachsener helfen.
3. Wenn kein Frost mehr droht, an jede Stange 10–12 Bohnensamen legen und regelmäßig begießen. Nehmt verschiedene Sorten, dann gibt es nach der Ernte ein paar Überraschungen.
4. Wenn die Bohnen wachsen, legt die Stängel vorsichtig um die Stangen, später halten sie sich von selbst fest. Bis zur Ernte dauert es 10–12 Wochen.
5. Schon nach wenigen Wochen ist das ganze Wigwam von Blättern bedeckt, und ihr könnt es benutzen.

TIPP

- Schaut im Internet nach, ab wann es bei euch keinen **Frost** mehr gibt. Die Saison für Bohnen dauert vom letzten Frost bis 10 Wochen vor dem nächsten Frost.

Hier hat sich jemand zwischen hohen **Sonnenblumen** versteckt.

AUSPROBIEREN!

Pflanzt verschiedene Bohnensorten, z. B. grüne, gelbe und violette.

SOMMERRODELN

Sommerrodeln macht eine Menge Spaß, und dabei friert man nicht wie im Winter! Ob auf Gras oder Sand – man braucht dafür nicht viel.

DÜNENRODELN

Ein tolles Vergnügen für Kinder und Erwachsene. Nur auf trockenen Dünen rodeln, denn auf feuchten ist es gefährlicher. Am besten klappt der Rodelspaß morgens oder abends, wenn der Sand nicht so heiß ist. Und für die Aufstiege unbedingt reichlich Wasser mitnehmen!

⚠ SICHERHEIT!

- Mund und Augen mit einem **Schal** oder einer **Taucherbrille** schützen.
- **Knie- und Ellenbogenschützer** sind nützlich in heißem Sand.

Nicht genug Schwung?
Dann lass dich ziehen!

SANDBOARDING

Sandboards aus Hartholz und einem Laminat wurden extra für Sand entwickelt. Mit einem speziellen Wachs werden sie aufregend schnell. Auch Schlitten aus Plastik oder Hartschaum kann man wachsen, damit sie besser gleiten.

Viele **Schlitten** für Schnee eignen sich auch für Sand, wenn man sie mit Wachs einreibt.

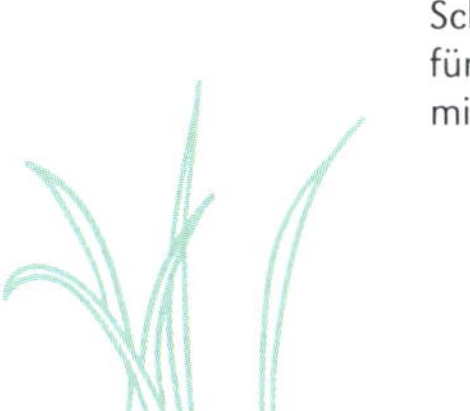

GRASRODELN

Wo kein Sand ist, könnt ihr mit großen Pappen auf Gras rodeln. Setzt euch einfach auf die Pappe und schiebt euch vorwärts, bis ihr genug Schwung habt. Ihr könnt euch auch von jemandem anschieben lassen.

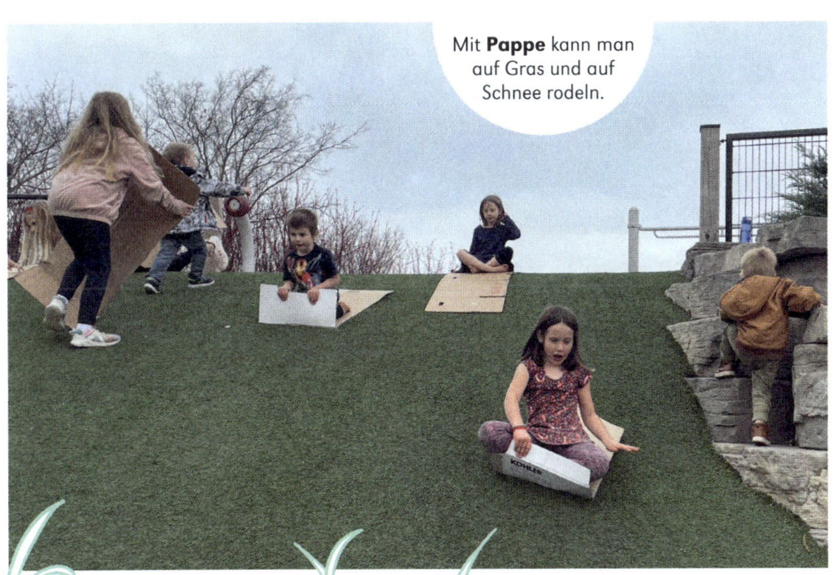

Mit **Pappe** kann man auf Gras und auf Schnee rodeln.

REPTILIEN

Auf Wanderungen kann man manchmal Reptilien beobachten und dabei etwas über ihren Lebensraum, ihr Futter und ihren Tagesrhythmus erfahren. Notiert euch, welche Reptilien ihr seht. Wascht euch die Hände, wenn ihr sie angefasst habt.

LANDSCHILDKRÖTEN

Diese Schildkröten leben immer an Land und brauchen Wasser nur zum Trinken und Baden. Ihre Zehen sind wie Elefantenfüße zusammengewachsen. Bei uns kommen Landschildkröten nur als Haustiere vor. Schildkröten können sehr alt werden. Manche Arten erreichen sogar 150 Jahre.

Landschildkröten haben rundere **Panzer** als Wasserschildkröten.

WASSERSCHILDKRÖTEN

Meere, Flüsse, Seen und Teiche sind das Zuhause der Wasserschildkröten. Mit ihren Schwimmhäuten an den Füßen können sie sich leicht durch das Wasser bewegen. Auch der flache Panzer hilft Wasserschildkröten beim Schwimmen. Viele Arten gehen zwischendurch aber auch an Land.

Wasserschildkröten strecken oft **nur den Kopf** aus dem Wasser.

GUT ZU WISSEN

- In warmen Gegenden sind die Panzer von Landschildkröten heller als in kühlen Ländern.

Strumpfbandnattern sind wie unsere heimischen Nattern harmlos.

SCHLANGEN

Die meisten bei uns heimischen Schlangen sind harmlos, doch es gibt auch einige giftige Arten. Es ist faszinierend, Schlangen zu beobachten – aber bitte nicht berühren, das stört die Tiere nur. Schlangen haben keine Augenlider. Zum Riechen benutzen sie ihre Zunge.

⚠ SICHERHEIT

- In Gegenden mit **giftigen Schlangen** nicht durch hohes Gras gehen.
- Niemals Schlangen mit einem **Stock** ärgern.

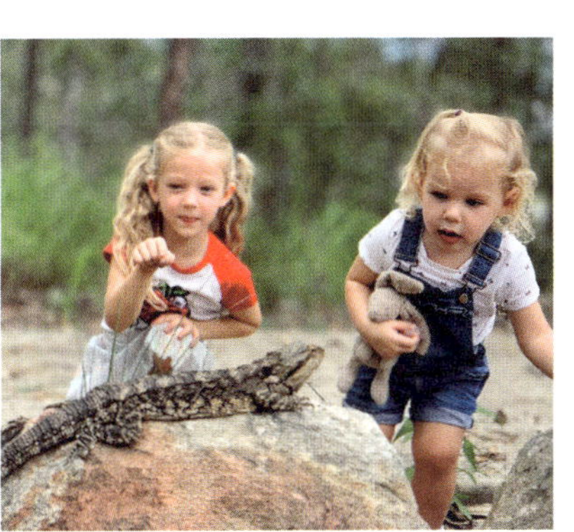

BARTAGAME

Die Bartagame sieht aus wie ein kleiner Drache. Diese Echsen gibt es bei uns nur in Zoos und als Haustiere. In der Natur verbringen sie die meiste Zeit in Büschen und Bäumen. Ihr Schwanz ist so lang wie ihr Körper.

Diese **Bartagame** lebt in Queensland in Australien.

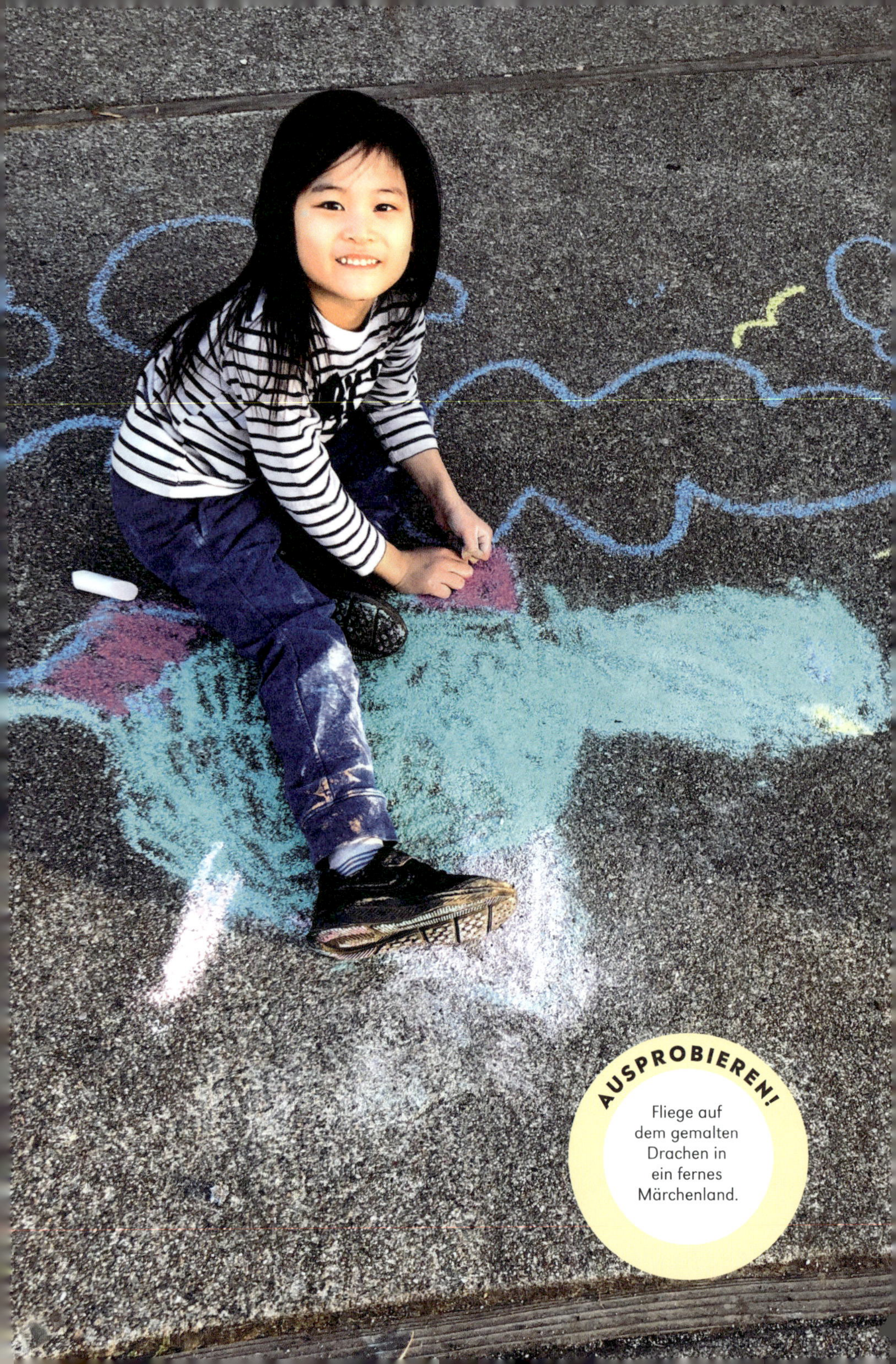
AUSPROBIEREN!
Fliege auf dem gemalten Drachen in ein fernes Märchenland.

1–3 Std

KREIDEBILDER

Bestimmt habt ihr schon einmal Kreidebilder auf den Gehweg oder Schulhof gemalt. Aber wie wäre es, wenn ihr selbst ein Teil der Bilder seid? Lasst euch etwas einfallen und vergesst nicht, von den fertigen Bildern Fotos zu machen.

IHR BRAUCHT

- Straßenkreide in vielen Farben
- Kamera

ANLEITUNG

1. Zuerst mit Kreide ein Bild auf Asphalt oder Pflastersteine malen, natürlich an einem Platz ohne Verkehr. Das Bild muss so groß sein, dass ein Kind darin Platz findet. Vorschläge gefällig?
   - **Ein Bündel bunte Luftballons:** Lege dich darunter und tu so, als ob du die Schnüre festhältst.
   - **Ein Lichtschwert:** Lege dich darunter und bekämpfe einen Feind.
   - **Ein Regentag:** Lege dich unter die Wolken und halte in einer Hand einen Regenschirm.
   - **Eine Geburtstagstorte:** Zeichne für jedes deiner Lebensjahre eine Kerze darauf. Tu so, als ob du die Kerzen auspustest.
   - **Eine Stadt:** Denk dir Autos oder Lastwagen aus, in denen du fahren kannst.
2. Wenn alles gemalt ist, setze oder lege dich in das Bild und bitte jemanden, dich zu fotografieren.

Breite deine **Schmetterlingsflügel** aus.

NOCH MEHR IDEEN

- Veranstaltet zusammen mit Freunden einen **Malwettbewerb.** Schaut euch danach die Fotos an.
- Malt ein Bild für mehrere Personen, zum Beispiel drei Kinder auf **Schaukeln.**
- Malt ein Bild, in das **jemand anders** hineinsteigen kann.

SANDBAD

30 Min

Für die meisten Menschen fühlt es sich schön an, wenn ein Teil des Körpers in warmem Sand eingegraben wird. Dieses Spiel schult auch die Wahrnehmung dafür, wo sich der Körper im Raum befindet. Aber Vorsicht, nicht jeder mag das Gefühl von Sand auf seinem Körper.

IHR BRAUCHT

- Sand
- Schaufeln

ANLEITUNG

1. Fangt klein an. Grabt zuerst nur eine Hand oder einen Fuß ein. Wie fühlt es sich an? Kann man sich leicht befreien? Häuft dann Sand auf eure Arme und Beine und schüttelt ihn wieder ab.
2. Wer mag, kann nun etwas mehr wagen. Versucht, wie es sich anfühlt, wenn beide Beine eingegraben werden. Ist es warm oder kühl?
3. Ganz Mutige können sich nun vollständig eingraben lassen – bis zum Hals. Die Arme können ausgestreckt oder angelegt werden. Es ist aber schlau, die Augen zu schließen, damit kein Sand hineingerät. Bequemer ist es mit einem Kissen aus Sand, damit der Kopf beim Eingraben etwas höher liegt.
4. Wer nicht eingegraben werden möchte, kann sich stattdessen auf den Sand legen. Dann zieht jemand anders mit einem Stock den Umriss nach, und danach wird darin eine Figur aus Sand aufgehäuft. Nehmt Fundstücke vom Strand für das Gesicht.

⚠ SICHERHEIT

- Sand ist schwer. Menschen **nicht zu tief** eingraben.
- Kein Loch graben. Stattdessen **auf den Sand** legen und Sand auf den Körper häufen.
- Aufpassen, dass kein Sand in die **Augen** gelangt.

NOCH MEHR IDEEN

- Zeichnet die Umrisse **der Familie** oder mehrerer Kinder in den Sand und füllt sie auf.
- Formt den Sand auf einer Person wie den Schwanz einer **Meerjungfrau** oder eines Wals oder wie Teile eines **Roboters.**

AUSPROBIEREN!
Verziert
den Schwanz
der Meerjungfrau
mit hübschen
Muscheln.

AM BACH

An einem Bach gibt es eine Menge zu entdecken. Man kann durch ihn waten oder am Ufer und im flachen Wasser spielen. Auch wenn das Wasser seicht ist, sollte immer ein Erwachsener in der Nähe sein.

WATEN

Beim Waten geht man durch Wasser, das zum Schwimmen zu flach ist. Das ist manchmal nötig, um einen Bach zu durchqueren. Vorsicht, vielleicht kommen zwischendurch tiefere Stellen – aber das ist ein Teil des Abenteuers.

Mit einem langen Stock kann man testen, **wie tief** das Wasser ist.

KESCHERN

Mit einem Kescher kann man Frösche, Schnecken, Molche und Fische fangen und in einen Eimer setzen, um sie sich genauer anzusehen. Behandelt sie ganz vorsichtig und setzt sie danach wieder in den Bach zurück.

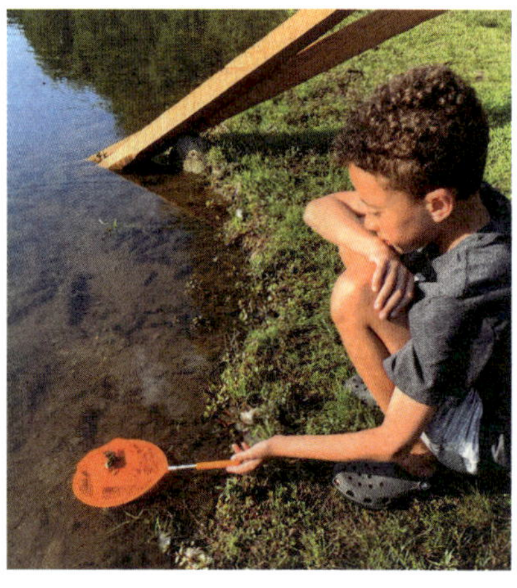

Ganz **vorsichtig** keschern, um Frösche und andere kleine Tiere nicht zu verletzen.

JUGEND FORSCHT

Echte Forscher notieren ihre Ergebnisse. Habt ihr eine Muschel gefunden? Schreibt auf, welche Farbe sie hatte und wie groß sie war. Seht ihr eine Schnecke? Schaut euch ihr Gehäuse mit einem Vergrößerungsglas genauer an.

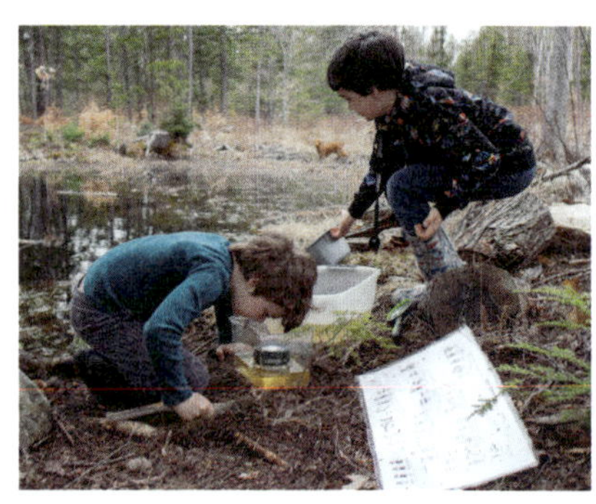

Schaut euch die kleinen Tiere im Wasser **mit einer Lupe** ganz genau an.

TIPP

- Wenn das Wasser im Bach kalt ist, zieht **Gummistiefel** an. Sie halten die Füße warm, sodass ihr länger am Wasser spielen könnt.

Nehmt **Plastikbehälter** mit, in die ihr euren Fang setzen könnt.

GEZEITENTÜMPEL

Wenn an felsigen Meeresküsten das Wasser bei Ebbe abfließt, bleiben kleine Tümpel zurück. Findet heraus, wann Ebbe ist, und schaut euch die verschiedenen Meerestiere an, die in den Gezeitentümpeln leben.

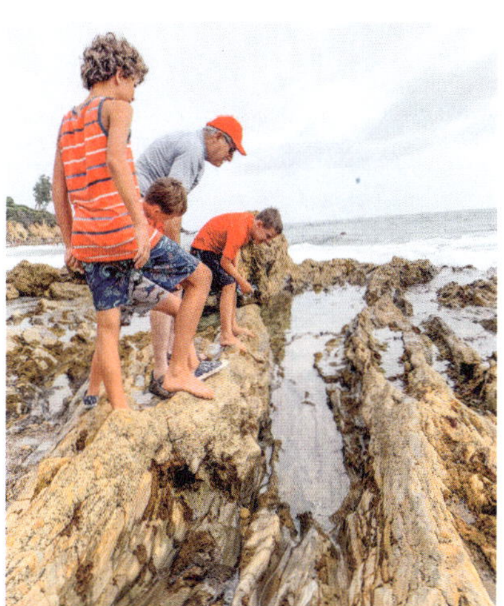

Erkundigt euch, wann die **Flut** kommt, und geht rechtzeitig ans sichere Land.

KRABBEN FANGEN

Krabben und Krebse können zwicken, wenn man nicht aufpasst! Trotzdem kann man sie mit einem speziellen Krabbennetz und einem Köder fangen. Setzt sie in einen Eimer mit Wasser, um sie zu beobachten. Danach wieder freilassen!

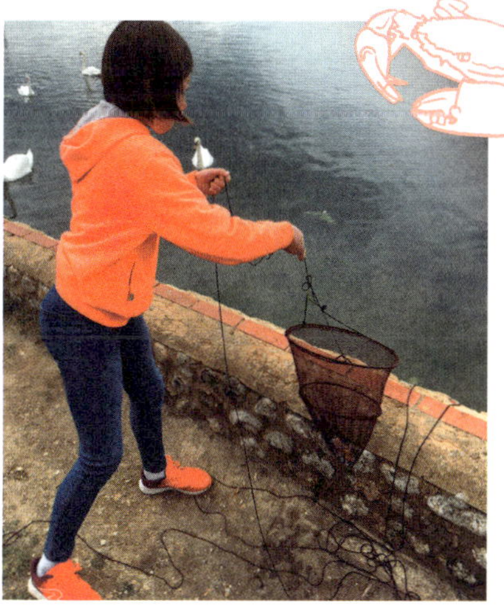

Als **Köder** könnt ihr kleine Stücke Fleisch oder Fisch unten im Krabbennetz festklammern.

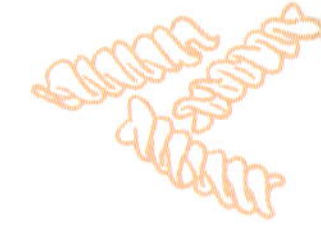

30–60 Min

TASTEIMER

Ein Tasteimer ist viel mehr als ein Behälter, der mit Dingen gefüllt ist. Mit ihm können Kinder lernen, wie man schüttet und Mengen abmisst oder wie man darin geduldig nach versteckten Gegenständen sucht. Solche Tastspiele fördern auch die Feinmotorik.

IHR BRAUCHT

- Handtuch
- Behälter (z. B. Eimer)
- Füllmaterial: trockenen Reis, Nudeln, Aquariumkies
- Messbecher (wahlweise)
- Kleinigkeiten nach Wahl: Buchstabenformen, kleine Spielsachen, Fundstücke aus der Natur usw.
- Essstäbchen oder Pinzette (wahlweise)

ANLEITUNG

1. Das Handtuch unter den Behälter legen, um Verschüttetes aufzufangen.
2. Das Füllmaterial in den Behälter geben. Aquariumkies eignet sich gut, aber auch ungekochte Reiskörner oder Nudeln können verwendet werden.
3. Die Kleinigkeiten in dem Füllmaterial vergraben.
4. Jetzt müssen die Kleinigkeiten mit den Fingern wieder herausgeholt werden.
5. Macht Wettspiele: Wer findet die meisten Dinosaurier? Wer gräbt die meisten Nudeln in Radform aus?
6. Die Dinge, die gefunden werden müssen, gelegentlich austauschen, damit das Spiel nicht langweilig wird.

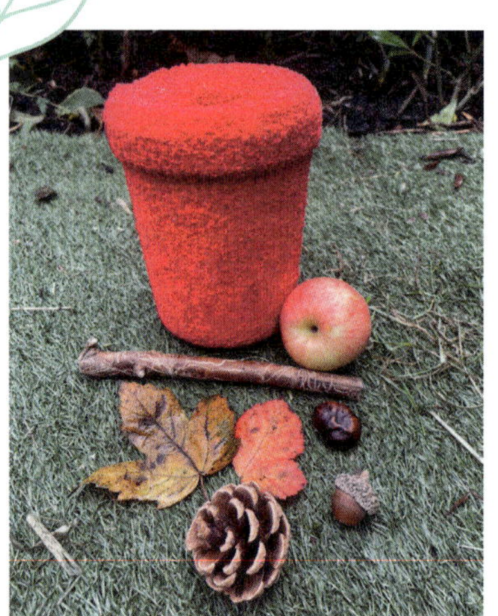

In der Natur findet man viele Dinge, die sich ganz **unterschiedlich** anfühlen.

NOCH MEHR IDEEN

- Legt verschiedene Dinge in einen Eimer mit Deckel oder einen Beutel aus undurchsichtigem Stoff. Dann darf jemand die Hände hineinschieben, die Dinge berühren und **raten, was es ist.** Aber nicht hinschauen!

AUSPROBIEREN!
Eine Pinzette kräftigt die Hand. Das hilft beim Schreiben.

HÄNGEMATTEN

Hängematten gibt es schon seit Tausenden von Jahren. Manche Menschen benutzen sie heute noch, um beim Camping nicht auf dem Boden zu schlafen. Die meisten legen sich aber einfach hinein, um entspannt zu schaukeln.

ETAGEN-HÄNGEMATTE

Warum nur eine Hängematte, wenn man zwei oder drei wie ein Etagenbett aufhängen kann? Lasst dazwischen genug Platz, damit ihr euch nicht stoßt. Wenn alles fertig ist, könnt ihr darin gemeinsam eine Lesestunde oder einen Mittagsschlaf halten.

Hängematten müssen immer **sicher befestigt** werden, vor allem mehrere übereinander.

LESEN

Lesen kann man nicht nur drinnen. Schnappt euch eine Hängematte und eure Lieblingsbücher. Dann könnt ihr es euch unter freiem Himmel gemütlich machen und eure Geschichten genießen. Es fühlt sich gut an, wenn die Hängematte dabei leicht schaukelt.

In einer **schaukelnden Hängematte** macht das Lesen besonders viel Spaß.

MEHR ZEIT?

- Bindet eine **Plane** über der Hängematte in den Bäumen fest: Fertig ist ein Regendach.
- Vielleicht dürft ihr **eine Nacht** in der Hängematte im Garten schlafen?

KUSCHELIG

Hängematten sind nicht nur etwas für den Sommer. Wenn es kalt ist, kann man sich warm anziehen, eine Decke schnappen und sich mit einem lieben Menschen draußen einkuscheln. In der Hängematte ist es wärmer, als wenn man auf dem Boden liegt.

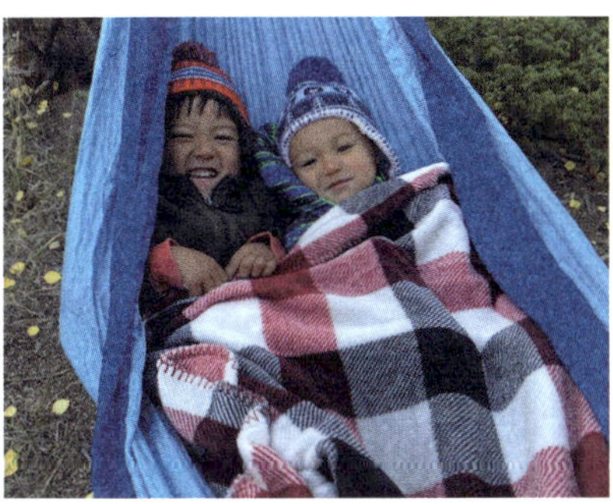

Es gibt auch breite Hängematten **für zwei Personen.**

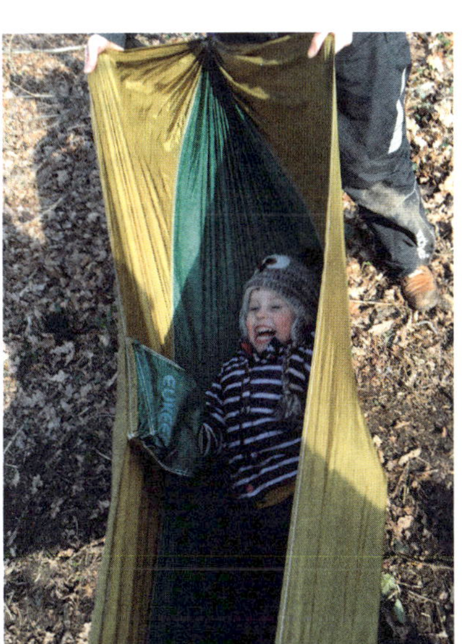

SCHAUKELN

Eine Hängematte mit hohen Seiten kann man als Riesenschaukel benutzen. Dafür legt sich ein Kind in eine Hängematte, die an Bäumen oder etwas anderem befestigt ist. Ein Erwachsener zieht an einem Ende die Seiten hoch und bringt die Hängematte zum Schwingen. Aber Vorsicht, nicht herausfallen!

Zum Schaukeln muss die Hängematte **ganz sicher befestigt** sein.

BLUMENKUNST

30–60 Min

Kunst – das können Gemälde, Skulpturen oder auch Melodien sein. In jedem Fall sind Künstler kreativ und erschaffen etwas Neues. Das geht auch mit Blumen. Bunte Blumen sind an sich schon schön, aber man kann mit ihnen auch Dinge gestalten, die es noch nie gegeben hat. Solche Kunstwerke sind also einzigartig.

IHR BRAUCHT

- Blüten und Blätter
- Pappe oder Papier (wahlweise)
- Klebstoff (wahlweise)
- Stifte oder Kreiden (wahlweise)

ANLEITUNG

1. Ordnet die Blüten und Blätter so an, wie es euch gefällt – wild oder gleichmäßig und symmetrisch. Ihr könnt sie im Haus oder im Freien auf den Boden legen oder auf einer Unterlage ausbreiten.
2. Wenn ihr eine Unterlage verwendet, klebt die Blumen und Blätter fest. Ihr könnt auch Löcher in die Unterlage stechen und die Blumen hineinstecken.
3. Malt jetzt etwas zu den Blumen oder um sie herum.
4. Wenn ihr frische Blumen benutzt, fotografiert das fertige Werk, bevor die Blüten verwelken.
5. Ein Kunstwerk mit getrockneten Blumen hält länger. Du kannst es an die Wand hängen oder einem lieben Menschen schenken.

Blumen können auch etwas ganz anderes darstellen, z. B. die **Mähne** eines Löwen.

MEHR IDEEN

- Ihr könnt auch **ganze Zweige** mit Blüten und Blättern verwenden.
- Verziert die Bilder nur mit **Farben aus der Natur.**

AUSPROBIEREN!

Diese Vasen sind mit gelben Blüten vom **Löwenzahn** gefüllt.

TEESTUNDE

Es ist gemütlich, mit Freunden am Nachmittag Tee oder Kakao zu trinken. Draußen macht es noch mehr Spaß, und dort ist es auch nicht schlimm, wenn man krümelt oder kleckert.

PELZIGE GÄSTE

Auch Kuscheltiere oder Puppen freuen sich über eine Einladung. Gebt ihnen einen Sitzplatz und stellt für sie Teller und Becher auf den Tisch. Fragt sie auch, was sie gern trinken – vielleicht Limonade, Milch oder Wasser?

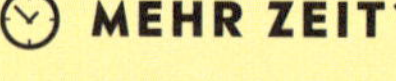

MEHR ZEIT?

- Sammelt in einem **Korb** Zweige, Baumzapfen, hübsche Steine oder Blumen als Tischdekoration.

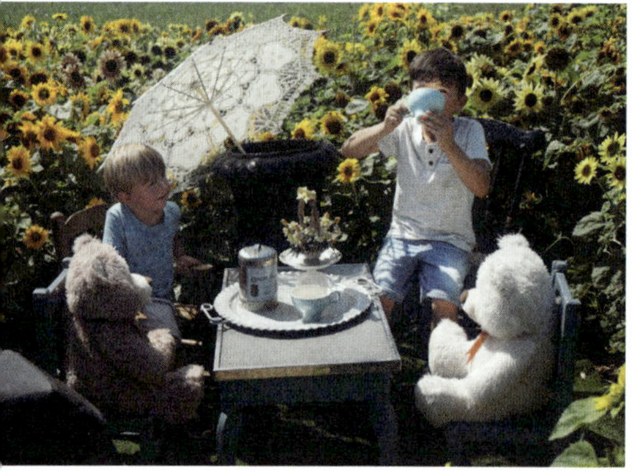

Deckt den Tisch vor einem schönen **Blumenbeet.**

NOCH MEHR IDEEN

- Gebt jedem Gast ein **anderes Gedeck.**
- Für Puppen könnt ihr auch Sand als Gewürz oder **Muscheln als Streusel** auftischen.

FEIERN!

Deckt den Tisch richtig festlich mit einer schönen Tischdecke und Blumen. Ein Grund zum Feiern lässt sich immer finden. Es muss nicht der Geburtstag sein. Feiert einfach den schönsten Donnerstag des Monats oder den Schulabschluss des Teddys.

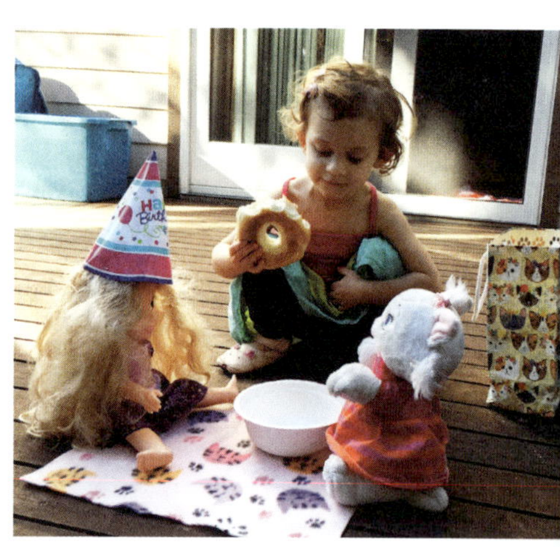

Wer braucht schon Stühle? Breitet einfach eine **Decke** auf dem Boden aus.

MÖBEL AUS DEM WALD

Baumstümpfe sind praktische Möbel für draußen. Sie sehen toll aus und sind robust. Vielleicht wollt ihr Kissen auf die Sitze legen, damit es bequemer ist? Dünnere Holzscheiben kann man gut als Teller benutzen.

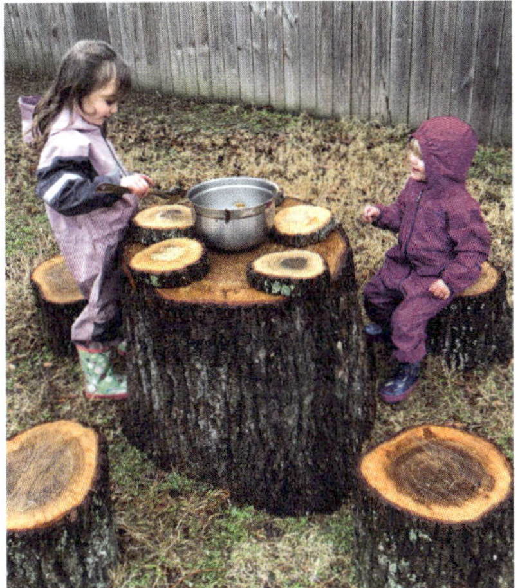

Auf den Baumtellern könnt ihr **echtes Essen** servieren oder Fantasiespeisen.

PICKNICK

Wenn ihr größeren Hunger habt, könnt ihr ein Picknick vorbereiten. Dafür braucht ihr Obst und Gemüse in verschiedenen Farben, kleine belegte Brote und etwas Süßes, vielleicht Plätzchen oder einen Kuchen.

Viele **Zutaten** für dieses Picknick kommen aus der Natur.

EINLADUNG

Lade eine Freundin zum Tee ein. Du brauchst dafür nur eine Teekanne, Teetassen und ein hübsches Stück Stoff als Decke. Dazu noch ein paar leckere Plätzchen, und ihr werdet euch wie Königinnen fühlen.

Wer keinen Tee mag, kann die **Teekanne** auch mit Milch oder Saft füllen.

15–45 Min

KLECKSBILDER

Rembrandt, Matisse und da Vinci sind berühmte Künstler, die ihre Bilder mit großer Sorgfalt gemalt haben. Hier machen wir es ganz anders! Es kommt nicht darauf an, sauber und genau zu malen. Ihr dürft wild mit der Farbe hantieren und alles ausprobieren, was euch einfällt.

IHR BRAUCHT

- Plane oder altes Bettlaken zum Unterlegen (wahlweise)
- Malkittel
- Papier, Leinwand oder Plastikplane
- Flüssige Farbe (Wasserfarbe, verdünnte Tempera- oder Acrylfarbe)
- Becher für die Farbe
- Pinsel oder Löffel
- Stöcke (wahlweise)

ANLEITUNG

1. Malt unbedingt draußen. Wenn der Boden keine Flecken bekommen soll, breitet eine Unterlage aus. Zieht euch auch Malkittel an.
2. Die verschiedenen Farben in die Becher füllen.
3. Einen Pinsel oder Löffel in die Farbe tauchen. Dann die Farbe mit Schwung auf das Papier, die Leinwand oder die Plane klecksen.
4. Kleckst einmal aus großem und dann aus kleinem Abstand. Wie unterscheiden sich die Kleckse?
5. Kleckst mal nur aus dem Handgelenk, mal mit dem ganzen Arm. Oder bewegt Hand oder Arm im Bogen auf und ab.
6. Mit Stöcken könnt ihr die Farbe verteilen oder Muster hineinkratzen.

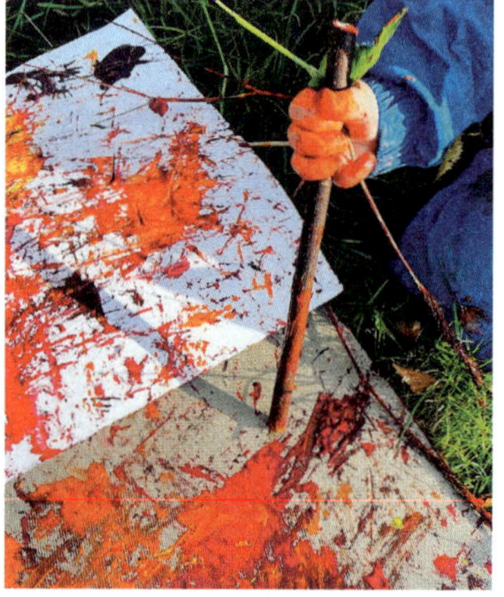

Klecksbilder sehen kunterbunt und **fröhlich** aus.

MEHR ZEIT?

- Wenn die Klecksbilder trocken sind, könnt ihr daraus Dreiecke ausschneiden, auffädeln und als **Wimpelkette** aufhängen.
- Wenn ihr ein altes **Bettlaken** untergelegt habt, könnt ihr es später als Dach für eine Stock-Höhle benutzen.

AUSPROBIEREN!
Versucht mal, mit Stöcken statt mit Pinseln zu malen.

SPIELE AM STRAND

Es gibt so viele tolle Spiele für den Strand. Wie wäre es mit einem Turnier, bei dem ihr mehrere Spiele nacheinander spielt? Der Sieger eines Spiels bekommt einen Punkt. Wer am Ende die meisten Punkte hat, gewinnt das Turnier.

WEITSPRUNG

Zeichnet eine Startlinie in den Sand und springt abwechselnd. Wer kommt am weitesten? Zieht für die Weite jedes Mitspielers einen Strich, damit ihr die Weiten später vergleichen könnt. Versucht es einmal mit Anlauf und in der zweiten Runde aus dem Stand.

Im Sand landet man schön **weich,** wie in der Sprunggrube.

GALGENMÄNNCHEN

Eine Person überlegt sich ein Wort und zeichnet für jeden Buchstaben einen Strich. Die Mitspieler raten die Buchstaben. Wenn jemand falsch rät, wachsen der Galgen und das Strichmännchen, das daran hängt, um einen Strich. Wer kommt auf das Wort, bevor der Galgen fertig ist?

Im Sand kann man mit den **Fingern** zeichnen, aber auch mit Stöcken oder Steinen.

HINDERNISRENNEN

Sammelt zuerst größere Stücke Treibholz. Dann wird der Hinderniskurs gebaut. Dafür könnt ihr auch Spielzeug oder Strandmöbel benutzen. Legt fest, ob man über die Teile klettern oder unter ihnen hindurchkriechen muss. Wer schafft es am schnellsten?

Benutzt, was ihr **am Strand** findet, und passt einfach die Regeln normaler Spiele an.

DARTS MIT KIESELN

Zeichnet in den Sand eine runde Zielscheibe mit drei Ringen. Zieht außerdem eine Linie, hinter der die Spieler stehen. Jeder Mitspieler sucht sich drei Kiesel, die gut wiederzuerkennen sind. Dann wird abwechselnd geworfen. Wer trifft in die Mitte der Zielscheibe?

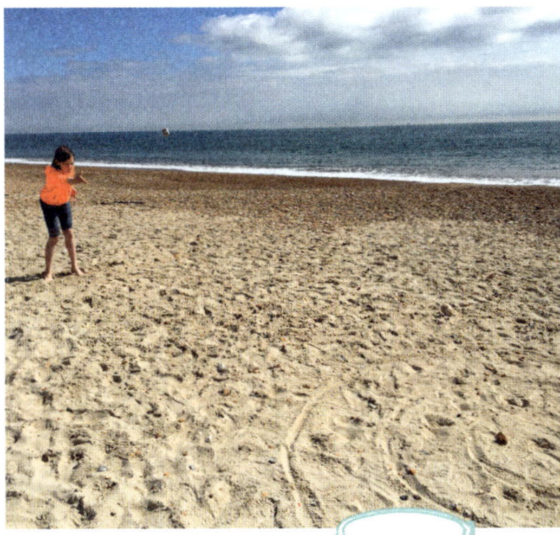

Beim **Zielwerfen** ist wichtig, dass sich die Steine der Spieler deutlich voneinander unterscheiden.

NOCH MEHR IDEEN

- Veranstaltet ein **Drei-gewinnt-Turnier** (siehe Seite 210).
- **Hüpfekästchen** (siehe Seite 126) sind im weichen Sand besonders knifflig.

WASSER TRAGEN

Bei diesem Wettlauf muss jeder Mitspieler einen Behälter mit Wasser tragen. Es geht darum, als Erster im Ziel anzukommen und dabei möglichst wenig zu verschütten. Man muss also schnell und gleichzeitig geschickt und vorsichtig sein.

Je mehr Wasser du verschüttest, **desto öfter** musst du laufen.

1–2 Std

MATSCHBECKEN

Ein Planschbecken füllt man mit Wasser. Stimmt, aber man kann noch viel mehr damit anfangen. Es kann ein Bällebad oder ein Blumenbeet werden, oder man kann darin mit Matsch spielen. So haben Kinder ihr Vergnügen, und Eltern vermeiden eine permanente Matschgrube im Garten.

IHR BRAUCHT

- Kleines Planschbecken (oder große Wanne)
- Erde
- Schaufeln
- Wasser
- Spielzeug
- Taucherbrille (wahlweise)
- Gartenschlauch
- Handtücher

ANLEITUNG

1. Einige Schaufeln Erde ins Planschbecken geben. Einen Gartenschlauch und Handtücher bereitlegen, um nach dem Spielen den Matsch abzuspülen.
2. Die Erde mit Wasser vermischen. Je mehr Wasser ihr nehmt, desto flüssiger und glitschiger wird der Matsch.
3. Dann könnt ihr mit Badesachen oder Kleidung, die schmutzig werden darf, ins Matschbecken steigen.
4. Buddelt im Matsch, baut etwas oder vergrabt Dinge darin. Wie fühlt sich der Matsch an den Händen und Füßen an?

GUT ZU WISSEN

- In Studien wurde nachgewiesen, dass das Spielen im Matsch das **Immunsystem** von Kindern stärkt.

NOCH MEHR IDEEN

- **Schatzsuche:** Ein Kind vergräbt kleine Spielzeuge, Glitzersteine oder Münzen, ein anderes Kind muss sie finden.
- **Schlammbad:** Das Becken mit reichlich flüssigem Matsch füllen. Dann eine Taucherbrille aufsetzen und mit dem ganzen Körper eintauchen.

AUSPROBIEREN!

Für ein »sauberes Spiel« den Schlamm nur in einen Teil des Beckens geben.

30 Min–
2 Std

VERGÄNGLICHE KUNST

Kunst aus Naturmaterialien hält selten lange. Umso wichtiger ist die Freude am kreativen Gestaltungsprozess.

IHR BRAUCHT

- Viele verschiedene Naturmaterialien wie Zweige, Schilf, Blätter, Blütenblätter, Samenstände, Steine oder Gräser

ANLEITUNG

1. Überlegt zuerst, was für ein Kunstwerk ihr schaffen wollt – ein Bild, eine Skulptur oder vielleicht ein Werk aus Schlamm? Wenn ihr Ideen braucht, denkt an Tiere, Muster oder Motive, die euch gefallen.
2. Nun einen Platz für das Werk finden. Das können Baumwurzeln oder ein großer Stein sein, aber auch einfach eine Wiese, ein Tisch aus Holz oder ein steiniger Weg.
3. Legt euer Werk auf die Unterlage. Wenn ihr fast fertig seid, schaut euch um, ob ihr noch Kleinigkeiten findet, mit denen ihr dem Kunstwerk den letzten Schliff geben könnt.
4. Denkt daran, dass euer Kunstwerk nicht lange halten wird. Hier geht es vor allen Dingen darum, dass die Gestaltung selbst Spaß macht. Und natürlich könnt ihr es fotografieren, um euch später daran zu erinnern.

Vergängliche Kunst kann man fast **überall** schaffen.

NOCH MEHR IDEEN

- Notiert euch **verschiedene Arten** vergänglicher Kunst, die ihr seht.
- Gestaltet ein vergängliches Kunstwerk, das **andere Menschen** anschauen können.

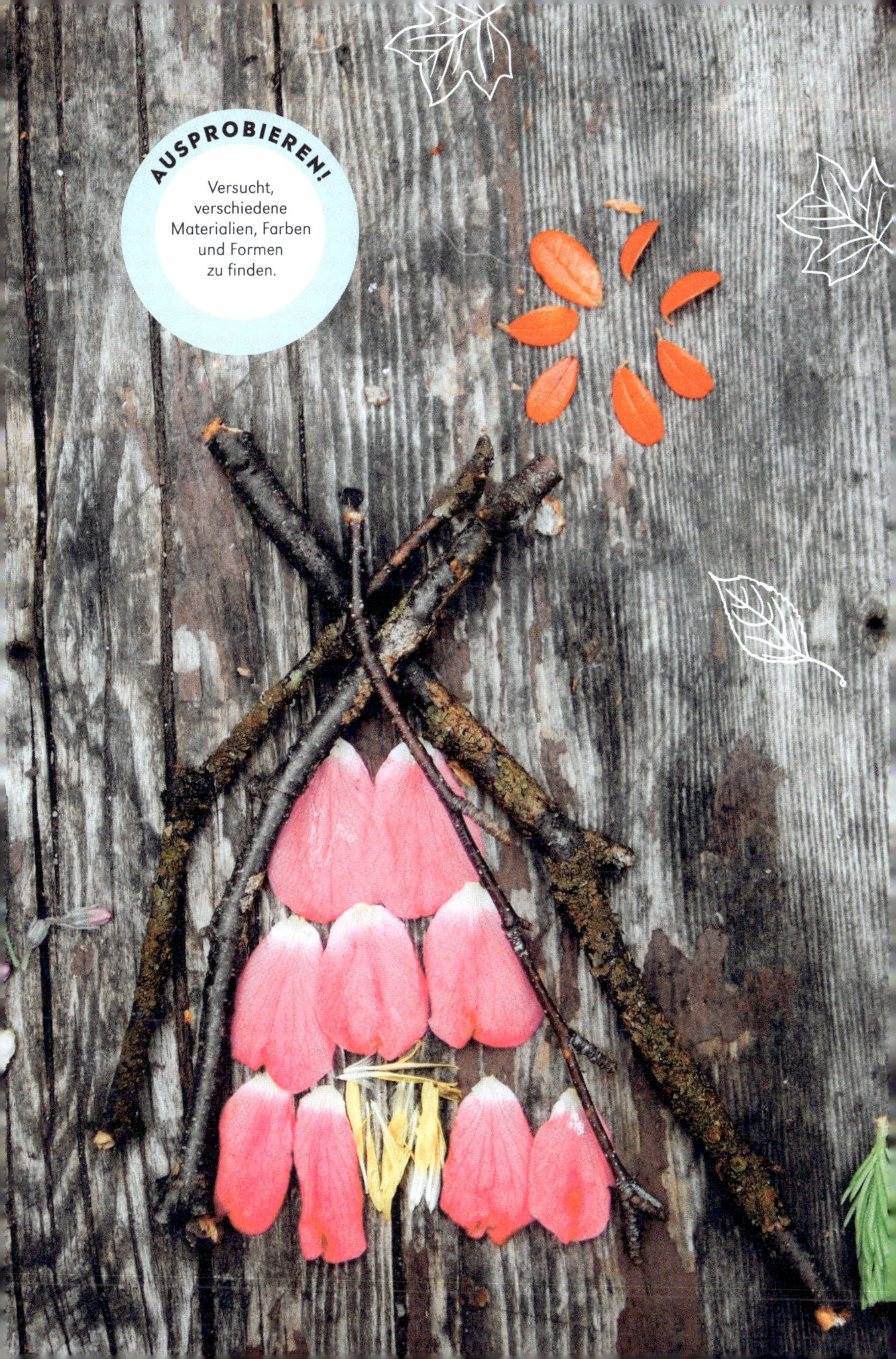

AUSPROBIEREN!

Versucht, verschiedene Materialien, Farben und Formen zu finden.

BEEREN PFLÜCKEN

Frisch gepflückt schmecken Beeren am allerbesten. Es macht Spaß, Erdbeeren, Himbeeren, Blaubeeren, Brombeeren, Maulbeeren und andere Arten zu pflücken. Natürlich kann man zwischendurch auch naschen. Nehmt Wasser mit, um die Beeren unterwegs zu waschen.

OBSTPLANTAGEN

Auf vielen Obstplantagen kann man Beeren und andere Früchte selbst pflücken. Findet zuerst heraus, wann die verschiedenen Beerensorten reif sind. Dann schnappt euch einen Sonnenhut und eine Flasche Wasser und macht euch auf den Weg.

ERNTEBEHÄLTER

Natürlich braucht ihr ein Gefäß für die gepflückten Beeren. Ein Eimer eignet sich gut, aber dann hat man nur eine Hand frei. Schneidet einfach von einem Plastikkanister (z. B. von destilliertem Wasser) das obere Stück ab und fädelt den Griff auf den Gürtel.

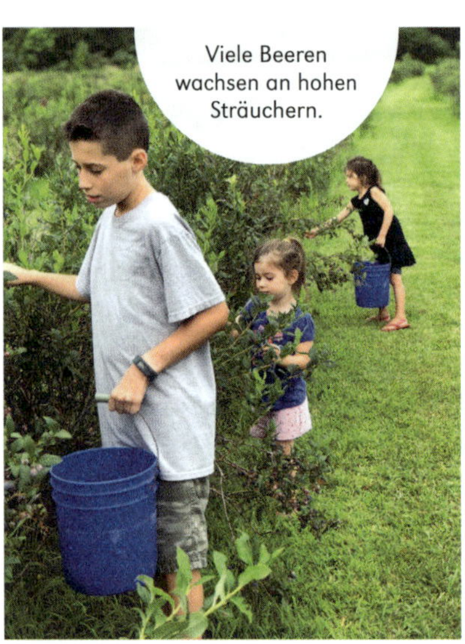

Viele Beeren wachsen an hohen Sträuchern.

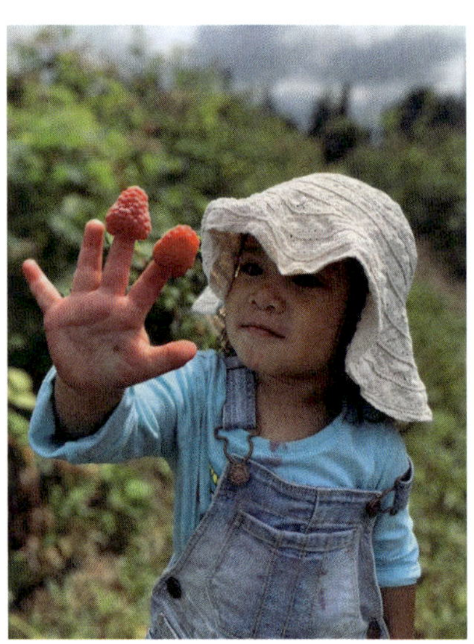

Reife Beeren lassen sich ganz leicht vom Strauch abzupfen.

MEHR ZEIT?

- Beeren kann man **einfrieren.** Gut waschen und abtrocknen, dann auf einem Backblech ausbreiten und ins Tiefkühlfach schieben. So kleben sie nicht zusammen. Danach in Gefrierbeutel verpacken.

SÜSSE ERDBEEREN

Erdbeeren wachsen, wie der Name verrät, auf der Erde. Ältere Pflanzen bilden Ausläufer, an deren Enden Wurzeln und später neue Pflanzen entstehen. Und auch die neuen Pflanzen bilden wieder Ausläufer. Erdbeeren werden nicht hoch, können aber große Flächen bedecken.

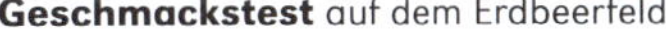

Geschmackstest auf dem Erdbeerfeld

GANZ REIF WERDEN LASSEN

Tomaten reifen noch, nachdem man sie geerntet hat. Das tun Erdbeeren nicht. Pflückt darum nur ganz rote Früchte ohne grüne Stellen. Aber wartet auch nicht zu lange, sonst werden sie überreif und matschig.

TIPP

- Erntet Beeren am besten **vormittags,** bevor es zu heiß wird – und bevor andere Leute die besten Früchte gefunden haben.

NOCH MEHR IDEEN

- Frische Erdbeeren eignen sich auch für leckere **Kuchen.**
- Versucht mal, mit zerdrückten Beeren zu **malen.**

Aus Beeren kann man leckeren **Obstsalat** zubereiten.

AUSPROBIEREN!
Selbst gemachte Marmelade ist ein tolles Geschenk.

45 Min

MARMELADE

Es gibt so viele Rezepte für Marmelade! Hier stellen wir eines vor, für das man nur wenige Zutaten und keine besonderen Gerätschaften braucht. Nicht einmal Pektin zum Andicken ist notwendig, wenn man sich etwas mehr Zeit nimmt.

IHR BRAUCHT

- 1 kg frische oder gefrorene Beeren
- 500 g Zucker
- 1,5 EL Zitronensaft
- Mittelgroßen Kochtopf
- Kartoffelstampfer oder Gabel
- 2 saubere Gläser mit Deckel (je 500 g)

ANLEITUNG

1. Zuerst die Gläser sterilisieren, indem man sie entweder in der Spülmaschine reinigt oder mit kochendem Wasser füllt.
2. Die Beeren waschen und alle Stiele entfernen.
3. Beeren, Zucker und Zitronensaft in einen mittelgroßen Topf geben.
4. Alles bei mittlerer Hitze zum Kochen bringen, bis es sprudelt. Dabei ständig rühren. Lasst euch am heißen Herd von einem Erwachsenen helfen.
5. Den Herd auf kleinste Stufe herunterschalten. Die Beeren zerstampfen oder mit einer Gabel zerdrücken. Vorsicht, dabei kann es spritzen.
6. Die Mischung bei schwacher Hitze 20 Minuten köcheln lassen. Dann testen, ob sie schon dick genug ist. Wenn nicht, weiter köcheln lassen.
7. Vom Herd nehmen, in die Gläser füllen und abkühlen lassen. Im Kühlschrank aufbewahren (2 Wochen) oder einfrieren (3 Monate).

Für Marmelade müssen Beeren **ganz reif** sein.

NOCH MEHR IDEEN

- Wie mögt ihr Marmelade **am liebsten?** Auf Toast? Im Müsli oder im Joghurt? Auf Brot mit Erdnussmus? Zu Muffins? Zu Vanilleeis? Oder habt ihr noch bessere Ideen?

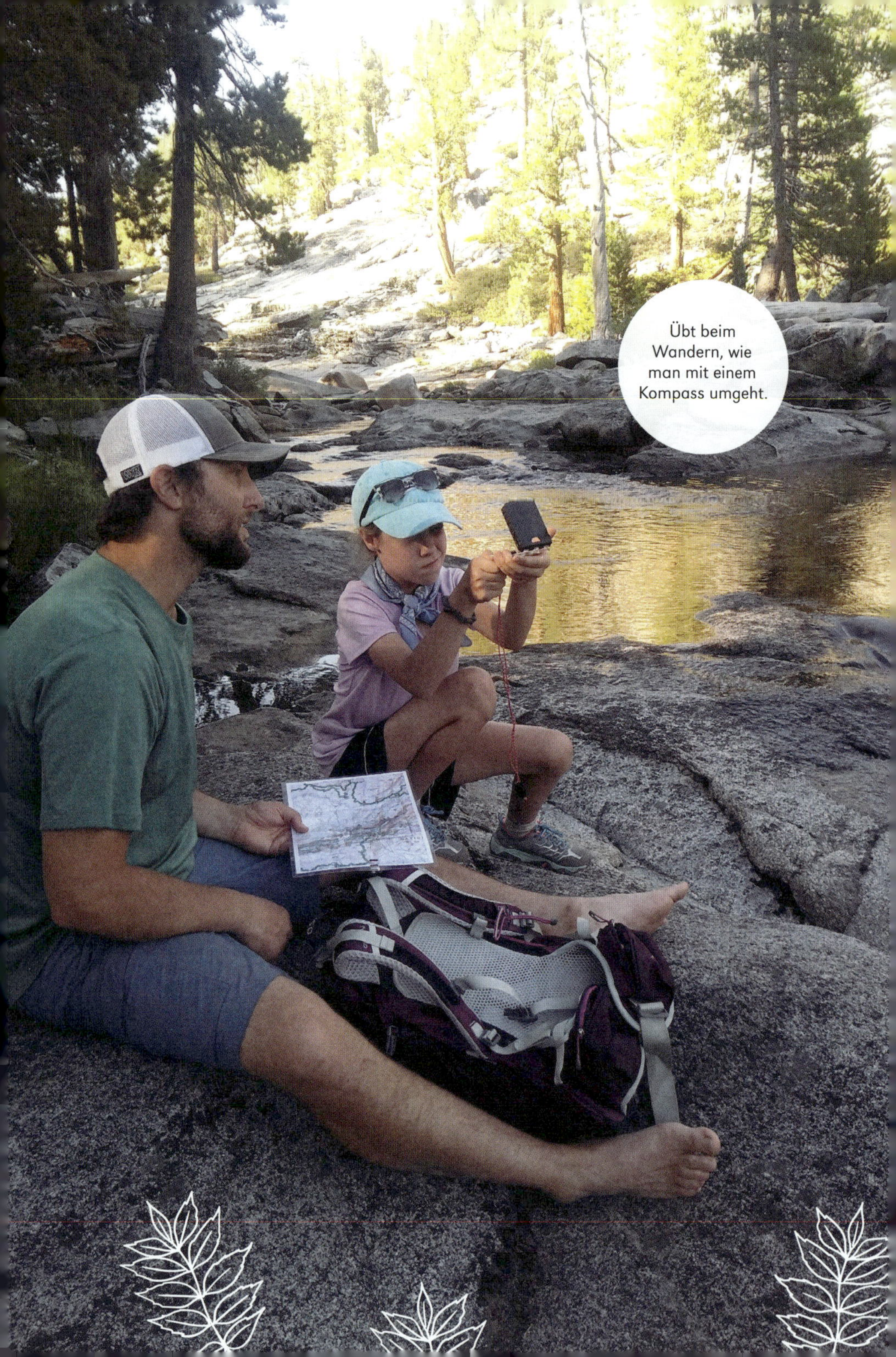

Übt beim
Wandern, wie
man mit einem
Kompass umgeht.

KOMPASSKUNDE

Wer sich mit Landkarten und einem Kompass beschäftigt, fördert sein räumliches Denken und seine Orientierungsfähigkeit. Das ist für alle nützlich, die gern in der Natur unterwegs sind.

WIE FUNKTIONIERT ES?

Die Kompassnadel zeigt immer nach Norden, weil sie sich am natürlichen Magnetfeld der Erde ausrichtet. Den Kompass muss man immer ganz gerade halten. Wenn ihr nicht nach Norden gehen wollt, stellt eine Peilung auf dem Kompass ein. Haltet die Richtung ein, auch wenn das Gelände ansteigt oder abfällt.

Der Kompass zeigt vier Himmelsrichtungen an: Norden (N), Osten (O oder E für *east*), Süden (S) und Westen (W).

NOCH MEHR IDEEN

- Versucht einmal, euch mit GPS oder dem Sonnenstand zu **orientieren**. Ihr werdet feststellen, dass ein Kompass zuverlässiger ist. Ihn stören weder Wolken noch ein leerer Akku.

KOMPASS-SPIEL

Ein Spieler gibt Anweisungen wie »fünf Schritte nach Osten« oder »acht Schritte nach Norden«. Ein Mitspieler (oder mehrere) führen die Anweisungen aus und müssen dabei ein bestimmtes Ziel erreichen.

Vergleicht die Anzeigen eurer Kompasse.

60 Min

STRANDKUNST

Erfrischendes Wasser ... Sand zwischen den Zehen ... ein Sonnenuntergang mit Blick bis zum Horizont. Ein Tag am Strand ist herrlich und genau richtig, um Strandkunst zu erschaffen. Sammelt interessante Dinge, die angeschwemmt wurden – Muscheln, Treibholz, Steine und vielleicht die eine oder andere Krabbenschere –, und nutzt den Strand als riesige Leinwand.

IHR BRAUCHT

- Eimer (oder Handtuch)
- Muscheln
- Treibholz
- Bunte Strandkiesel
- Andere Strandfunde

ANLEITUNG

1. Geht mit einem Eimer an der Wasserkante auf die Suche nach interessanten Dingen für euer Kunstwerk. Schaut auch, ob im flachen Wasser etwas liegt. Statt eines Eimers könnt ihr auch ein Handtuch wie einen Beutel benutzen.
2. Gestaltet nun aus euren Fundstücken ein Kunstwerk. Es kann ein Regenbogen sein, ein Gesicht, ein Haus mit einem Baum oder eine kunstvoll verzierte Sandburg mit Fenstern aus Muscheln und einer Treibholzbrücke. Ihr könnt das Kunstwerk nicht mit nach Hause nehmen, aber ihr könnt es fotografieren, um es anderen zu zeigen.

Muschelschalen gibt es in vielen **verschiedenen Farben.**

TIPP

- Lasst am Strand nichts zurück, was dort nicht hingehört. Vielleicht mögt ihr auch ein bisschen **Müll sammeln** und in einen Abfalleimer werfen. Fragt aber einen Erwachsenen, bevor ihr Dinge aufhebt, die spitz oder scharf sind oder die ihr nicht kennt.

AUSPROBIEREN!
Wenn die
Teile im Sand
verrutschen, feuch-
tet sie einfach mit
etwas Wasser
an.

HERZEN FINDEN

Das Herz hat in vielen Kulturen eine besondere Bedeutung. Geht doch mal in der Natur auf die Suche nach Herzformen. Das trainiert das Auge, und die Suche macht Lust, länger draußen zu bleiben.

HERZBLÄTTER

Manche Pflanzen haben Blätter, die wie einfache oder doppelte Herzen aussehen. Ihr müsst genau hinsehen, denn einige wachsen zwischen Gras und sind sehr klein. Radieschen und Prunkwinden haben auch herzförmige Blätter und gedeihen gut im Blumentopf.

Schaut euch die **Blattformen** genau an. Daran kann man Pflanzenarten erkennen.

An **Naturstränden** findet man viele interessante Steine.

STEINE

Steine haben oft eine unregelmäßige Herzform. Um sie zu finden, muss man Geduld haben, denn sie sind recht selten. Legt doch eine Sammlung kleiner Herzsteine an, um euch an eure Strandausflüge zu erinnern.

MEHR ZEIT?

- Verschenkt eure Herzen zum **Valentinstag.** Ihr könnt Steine bemalen (Seite 38) oder Blätter durchreiben.
- Auch eine Tüte mit **Radieschensamen** ist ein schönes Geschenk. Schreibt einen lieben Gruß darauf.

NATÜRLICHE HERZEN

Herzen können überall in der Natur vorkommen – in der Rinde eines Baumes, im Inneren einer Walnuss, in den Zweigen eines Kaktus oder hoch oben in den Wolken. Geht gemeinsam auf die Suche. Wer die meisten Herzen findet, ist Sieger.

Dieses Herz ist entstanden, weil sich die **Baumrinde** nach innen gerollt hat.

NOCH MEHR IDEEN

- Wenn du eine Herzform entdeckst, **sag nichts!** Spielt stattdessen »Ich sehe was, was du nicht siehst«. Und, finden die anderen es auch?

SELBER MACHEN

Wenn ihr auf eurer Suche keine Herzen gefunden habt, könnt ihr selbst welche bilden. Benutzt dafür Blütenblätter, Tannennadeln, kleine Steine oder Grashalme. Ihr könnt sogar mit euren Körpern ein Herz formen.

TIPP

- Ein Herz aus der Natur muss nicht perfekt **symmetrisch** sein. Haltet oben, auf den Seiten und am Boden danach Ausschau.

Für so ein **großes Herz** sind zwei Personen nötig.

SONNENBLUMEN ERFORSCHEN

Sonnenblumen eignen sich prima für kleine Forscher, weil sie so groß sind. Jeder Blütenkopf besteht aus Hunderten von kleinen Einzelblüten, die man herauszupfen und sich genauer ansehen kann.

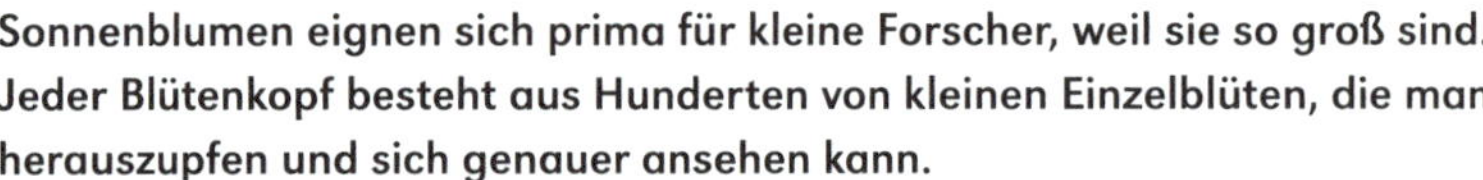

BLÜTENSTÄNDE

Was wie die Blüte einer Sonnenblume aussieht, ist in Wirklichkeit ein Blütenstand aus vielen kleinen einzelnen Blüten. In der Mitte sitzen die Röhrenblüten, in denen sich später die Samen bilden. Die gelben Zungenblüten am Rand haben die Aufgabe, Insekten zur Bestäubung anzulocken.

Sonnenblumen gibt es nicht nur in **Gelb,** sondern auch in Orange, Rot und Weiß.

LEBENSZYKLUS

Schaut euch Sonnenblumen als Knospen an. Besucht sie später, wenn sich die Samen bilden und wenn sie voll ausgereift sind. Vielleicht findet ihr auch Sonnenblumen, auf denen ihr den Pollen sehen könnt. So könnt ihr beobachten, wie sich die Blüte und später die Samen entwickeln.

NOCH MEHR IDEEN

- Zupft die Kerne mit einer **Pinzette** heraus. Das schult die Feinmotorik.
- **Zählt,** wie viele Kerne ihr herauszupfen könnt.

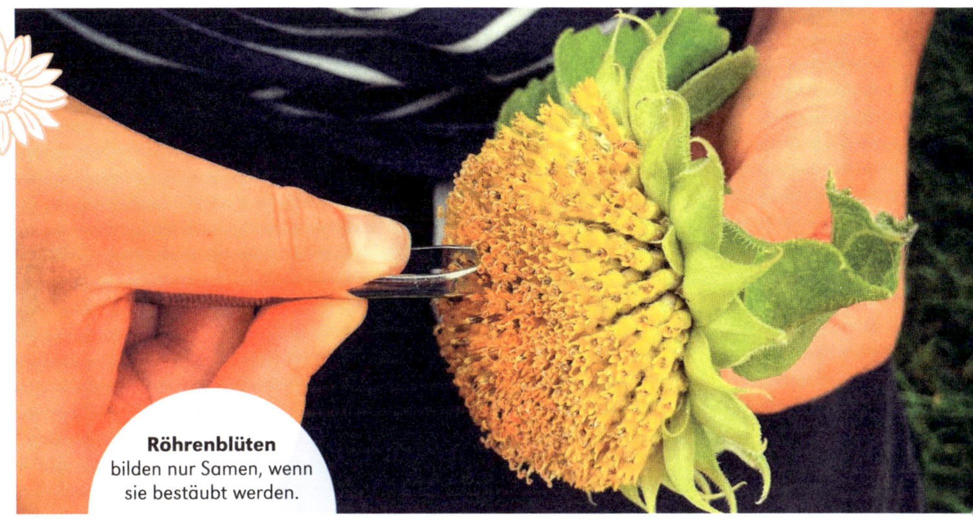

Röhrenblüten bilden nur Samen, wenn sie bestäubt werden.

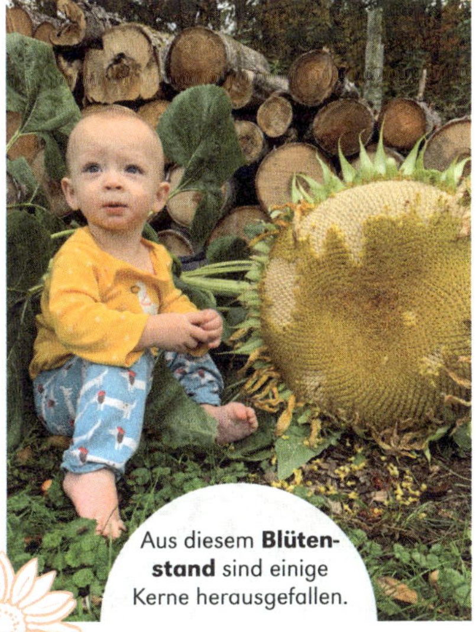

Aus diesem **Blütenstand** sind einige Kerne herausgefallen.

GUT ZU WISSEN

- Sonnenblumen **drehen ihre Blütenköpfe** immer der Sonne zu. Morgens wenden sie sich nach Osten, wo die Sonne aufgeht, und abends nach Westen.

MESSEN

Messt die verschiedenen Teile einer Sonnenblume: die Höhe, den Durchmesser des Blütenstands, die Länge der Zungenblüten und der Samen. Der größte bekannte Blütenstand hatte einen Durchmesser von 80 cm!

DREI GEWINNT

20–60 Min

Normalerweise spielt man dieses Spiel drinnen mit Stiften und Papier. Aber es macht auch draußen viel Spaß. Es gibt unzählige Möglichkeiten, die Steine im Spielfeld zu setzen – und auch zahllose Ideen, woraus das Spielfeld und die Spielsteine bestehen können.

IHR BRAUCHT

- 4 Stöcke gleicher Länge oder Kreide
- 5 gleiche Naturobjekte, z. B. weiße Steinchen oder Blumen
- 5 andere gleiche Objekte, z. B. Baumzapfen oder Walnüsse

ANLEITUNG

1. Das Spielfeld ist ein Raster aus drei Reihen mit je drei Feldern. Man kann die Linien mit einem Stock in Sand (oder Schnee) zeichnen, mit Kreide auf das Pflaster malen oder aus 4 Stöcken legen.
2. Jeder Spieler bekommt 5 gleiche Gegenstände (das sind auf dem Papier das X und das O). Jetzt dürfen die Spieler abwechselnd einen Spielstein auf das Spielfeld legen.
3. Wer es zuerst schafft, 3 seiner Steine in eine gerade Reihe zu bringen, hat gewonnen.
4. Wenn das zu einfach ist, könnt ihr zwei oder drei Spielfelder zeichnen und auf ihnen gleichzeitig spielen.

GUT ZU WISSEN

- Dieses Spiel ist über 2000 Jahre alt. Schon die **alten Römer** haben es gespielt. Sie nannten es *terni lapilli*, das bedeutet »drei Steinchen«.
- In manchen Gegenden nennt man dieses Spiel auch **Käsekästchen.**

Ihr könnt auch mit Erzählsteinen (siehe Seite 38) spielen.

AUSPROBIEREN!
Im Gras liegt man beim Spielen schön weich.

STRANDPUTZ

Ein Großputz am Strand ist eine sehr nützliche Aktivität und kann auch Spaß machen, weil man dabei oft seltsame Dinge entdeckt. Fragt einen Erwachsenen, bevor ihr Dinge aufhebt, die spitz oder scharf sind oder die ihr nicht kennt.

TIPP

- Nehmt an den Strand nicht nur Spielzeug und Handtücher mit, sondern auch **Müllbeutel** – für euren eigenen Müll und für gesammelten.

WO SAMMELN?

Sucht einen Strandabschnitt, der etwas vermüllt aussieht, und nehmt euch genug Zeit. Tut euch mit Freunden und Familie zusammen. Ihr werdet sehen, dass es gar nicht so lange dauert, bis alles wieder ordentlich aussieht.

HARKE UND SCHAUFEL

Es gibt spezielle Greifer für Müll, aber meist genügen Harke und Schaufel. Mit der Harke findet ihr auch Müll, der teilweise von Sand bedeckt ist. Und mit der Schaufel könnt ihr Dinge aufheben, die ihr nicht so gern anfassen wollt.

Sortiert den Müll so, dass möglichst viel **recycelt** werden kann.

BEIM WANDERN

Auch beim Wandern kann man Müll sammeln, der in der Landschaft liegt. Am besten erledigt ihr das auf dem Rückweg, damit ihr den Beutel nicht so weit tragen müsst.

Fasst Müll und unbekannte Gegenstände immer mit **Handschuhen** an.

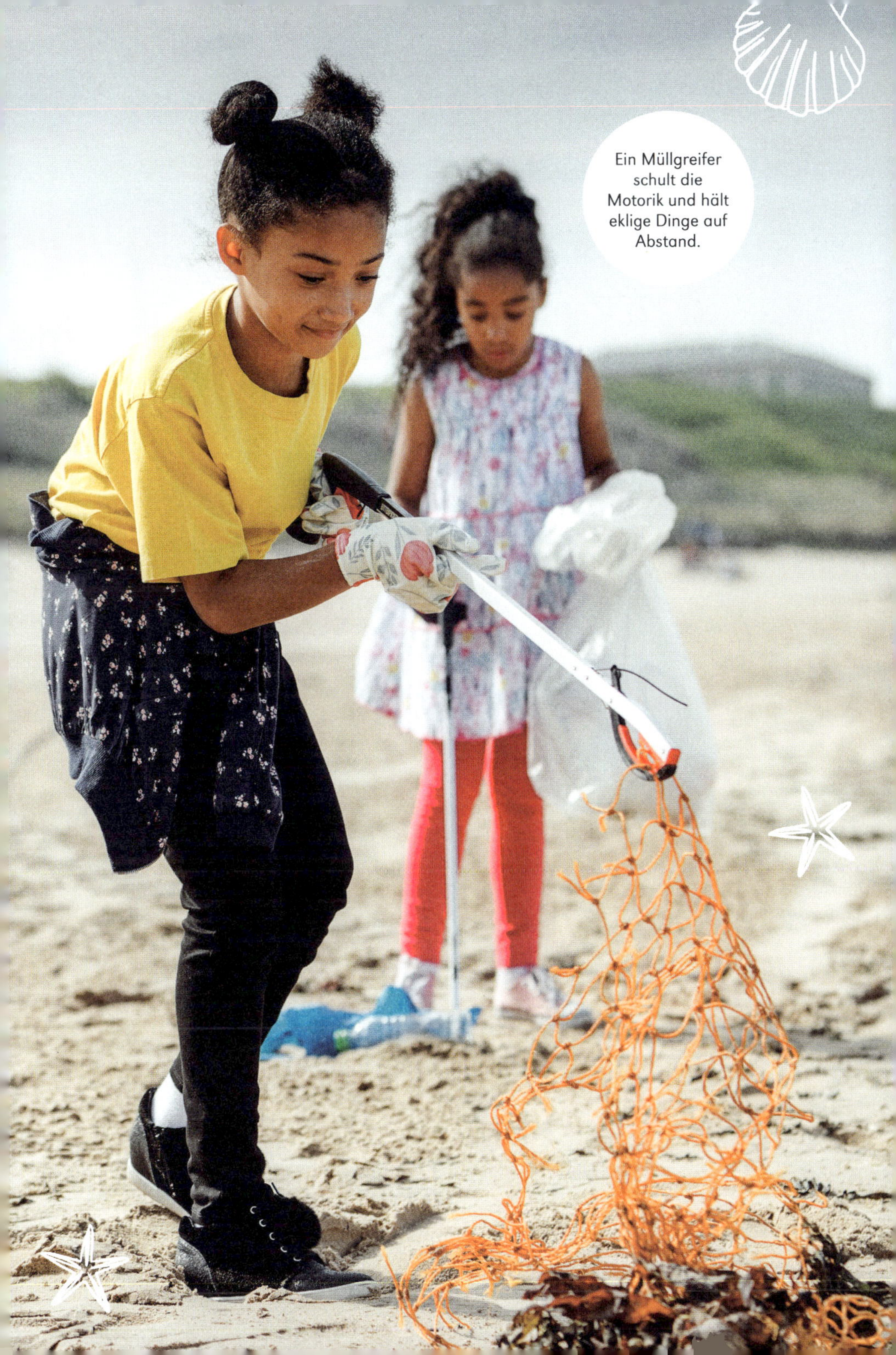
Ein Müllgreifer schult die Motorik und hält eklige Dinge auf Abstand.

AUSPROBIEREN!
Druckt saubere Fußabdrücke oder verwischt die Farbe mit den Füßen.

FUSSMALEREI

20–30 Min

Mit den Füßen malen? Das ist eine verrückte Sache, bei der es viel zu lachen gibt. Jeder Fuß hat mehr als 7000 Nervenenden, die Signale ans Gehirn senden. Dieses Spiel, das kaum Vorbereitung braucht, regt den Tastsinn an und trainiert das Gleichgewichtsgefühl.

IHR BRAUCHT

- Langes Stück weißes Packpapier, Pappe oder Raufasertapete
- 4 Steine zum Beschweren der Ecken
- Wasserlösliche Temperafarben
- Gartenschlauch oder Schüssel mit warmem Wasser
- Handtücher

ANLEITUNG

1. Zieht alte Kleidung an, die Flecken bekommen darf.
2. Das Papier auf dem Boden ausbreiten.
3. Die Ecken mit Steinen beschweren, damit es nicht wegweht.
4. Etwas Farbe in langen Linien oder runden Klecksen auf das Papier geben.
5. Barfuß durch die Farbe und über das Papier laufen.

Ihr könnt auch mit den **Händen** malen.

NOCH MEHR IDEEN

- Das Papier trocknen lassen, aufrollen und als **Geschenkpapier** benutzen.
- Nur **Primärfarben** (Rot, Gelb, Blau) auf das Papier klecksen. Wenn ihr durch die Farben lauft, entstehen neue Mischfarben.

KAPITEL VIER

HERBST

1–2 Std

BLÜTEN-FENSTERBILDER

Für diese Bastelei kann man gepresste Blütenblätter aus dem Sommer gut verwenden. Sie sehen aber auch in den warmen Farben des Herbstes wunderschön aus. Wenn die Bilder am Fenster hängen und die Sonne hindurchscheint, leuchten die Farben, und man kann Einzelheiten wie die Blattadern gut erkennen.

IHR BRAUCHT

- Weißes Papier
- Dicken schwarzen Marker
- Schere
- Transparente Klebefolie
- Flache Naturmaterialien, z. B. Blätter, Blütenblätter und Gräser
- Seidenpapier (wahlweise)

ANLEITUNG

1. Zuerst eine Form mit dicken, schwarzen Linien auf weißes Papier zeichnen – einen Schmetterling, einen Schnörkel, einen Kürbis oder was ihr möchtet.
2. Die Form sorgfältig ausschneiden, auch die weißen Innenflächen.
3. Die Form mit den schwarzen Strichen nach unten auf die klebrige Seite der Folie legen.
4. Die Zwischenräume zwischen den schwarzen Linien mit Blütenblättern, Gräsern oder Seidenpapier ausfüllen. Dabei muss immer die Seite mit den kräftigeren Farben zur klebrigen Seite der Folie zeigen. Das ist ein gutes Training für die Feinmotorik und regt die Kreativität an.
5. Wenn alles ausgefüllt ist, ein zweites Stück Folie mit der klebrigen Seite nach unten auf die Form legen und den Umriss ausschneiden. Jetzt liegen die Naturmaterialien zwischen zwei Lagen Folie.
6. Das fertige Bild an ein sonniges Fenster hängen.

MEHR ZEIT?

- Probiert Naturmaterialien in verschiedenen **Formen** und **Farben** aus.
- Wer keine bunten Blätter hat, kann auch welche **anmalen.**

AUSPROBIEREN!

Dekoriert die Fenster auf der Straßenseite, sodass Passanten sich auch daran erfreuen.

SEIFENBLASEN

Seifenblasen faszinieren Kinder und Erwachsene gleichermaßen. Das Spiel mit den Blasen ist eine wertvolle Sinneserfahrung. Die Seifenblasenflüssigkeit darf man aber auf keinen Fall verschlucken.

Seifenblasen kann man auch gut **allein jagen.**

BLASEN JAGEN

Die Jagd nach Seifenblasen macht immer wieder Spaß – je größer, desto besser. Man braucht Geduld und ein Gefühl für das richtige Timing, um eine Seifenblase wegschweben zu lassen und zu sehen, wie weit sie fliegen kann, bevor man sie zerplatzen lässt. Versucht auch einmal, die Blasen mit anderen Körperteilen als euren Händen zum Platzen zu bringen.

Wer bringt **die meisten Blasen** zum Platzen?

MASCHINENKRAFT

Mit einer Seifenblasenmaschine kann man viel mehr Blasen erzeugen als durch Pusten. Diese handlichen kleinen Geräte sind ideal für größere Gruppen von Kindern, die gemeinsam Seifenblasen jagen und zerplatzen lassen wollen.

Für **lange Blasen** bewegt man den Ring langsam.

GRÖSSER, AM GRÖSSTEN

Riesige Seifenblasen sind schwerer herzustellen, weil sie stabiler sein müssen. Probiert es mit diesem Rezept:

- 1,4 l destilliertes Wasser
- 120 ml blaues Geschirrspülmittel
- 100 g Speisestärke
- 1 EL Backpulver
- 1 EL Glyzerin

GUT ZU WISSEN

- Der **größte Seifenblasenbehälter** der Welt hat eine Höhe von 1,38 m.
- Laut Guinnessbuch der Rekorde hat eine Seifenblase schon einmal sagenhafte **424 Hüpfer** geschafft.

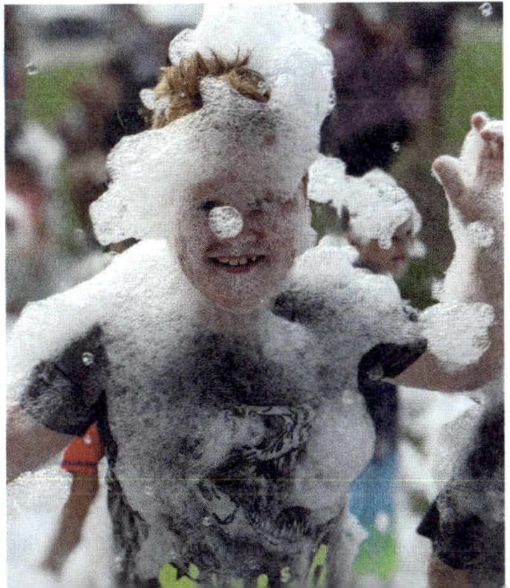

BLASENPARTY

Feiert mit Freunden eine Seifenblasenparty! Für schaumige Seifenblasen gibt es spezielle Mischungen zu kaufen, die man überall verteilen kann. Versucht, euren ganzen Körper damit zu bedecken: Dann seht ihr wie Mumien aus. Ihr könnt auch in den Seifenblasen tanzen.

Ein megagefährliches **Seifenblasenmonster**

30–60 Min

LAUBZAUBER

Im Herbst ändern die Blätter ihre Farbe, weil sie ihr Chlorophyll verlieren. Anthozyane in den Blättern sorgen für rote Farben, Karotinoide für gelbe und orange Töne. Sammelt Blätter in vielen verschiedenen Farben und versucht, in der Natur auch andere Dinge zu finden, die schöne Farben haben.

IHR BRAUCHT

- Korb zum Sammeln
- Verschiedene Blätter
- Schere (wahlweise)

ANLEITUNG

1. Sammelt Blätter und versucht dabei zu erkennen, von welchem Baum sie stammen.
   - Rote Blätter tragen diese Baumarten: Ahorn, Eiche und Hartriegel.
   - Orangefarbene und gelbe Blätter findet ihr an Esche, Ahorn, Weißeiche, Birke und Pappel.
   - Die Blätter von Blutpflaume und Zaubernuss färben sich violett.
   - Wenn ihr grüne Blätter findet, enthalten diese noch Chlorophyll.
   - Einzelne Blätter mit mehreren Farben sind ein seltener und besonderer Fund!
2. Benutzt die Blätter für ein Bild oder eine Collage. Wenn ihr vorsichtig die Stiele abschneidet, liegen sie flach und lassen sich besser übereinanderschichten.

Legt einen **Bogen** aus Blättern in allen Regenbogenfarben.

NOCH MEHR IDEEN

- Welche **Formen** könnt ihr noch mit den Blättern legen? Herz, Dreieck, Pfeil?
- Welche Farben waren besonders **schwierig** zu finden? Welche gab es sehr **häufig?**

AUSPROBIEREN!

Ein rundes Mandala aus bunten Blättern sieht toll aus.

1 Std

KÜRBISVASE

Wenn es Herbst wird, blühen im Garten immer weniger Blumen. Holt euch die letzten Blüten mit so einer Kürbisvase ins Haus! Dabei könnt ihr schon einmal das Kürbisschnitzen für Halloween üben.

IHR BRAUCHT

- Kürbis
- Mittelgroßes Einmachglas oder Blumenvase
- Bleistift
- Messer oder Schnitzwerkzeug (nur mit einem Erwachsenen)
- Wasser
- Blumen

ANLEITUNG

1. Einen Kürbis aussuchen, der etwa so hoch wie das Glas oder die Vase ist.
2. Den Stiel abschneiden. Dabei sollte ein Erwachsener helfen.
3. Das Glas auf den Kürbis stellen und den Umriss mit dem Stift nachzeichnen. Das ist wichtig, damit das Glas fest im Kürbis sitzt. Auch dabei sollte ein Erwachsener helfen.
4. Jetzt wird der Kürbis ausgehöhlt. Das kennt ihr vielleicht schon von Halloween-Kürbissen. Das Innere muss richtig schön sauber sein, dann hält die Kürbisvase länger.
5. Nun das Glas oder die Vase in den ausgehöhlten Kürbis stellen und zu zwei Dritteln mit Wasser füllen. Die Blumen hineinstellen. So könnt ihr noch ein bisschen vom Sommer in den Herbst hinüberretten. Am meisten Spaß macht das Basteln gemeinsam, vielleicht mit jemandem, der Kürbisse oder Blumen mag – oder beides.

Das **Glas** soll ganz im Kürbis verschwinden.

MEHR ZEIT?

- Was ist besser als eine Kürbisvase? Ganz klar: zwei oder mehr. Stellt die Vasen auf die Arbeitsplatte in der Küche oder als schöne **Begrüßung für Besucher** an die Haustür.

AUSPROBIEREN!
Bindet abwechslungsreiche Sträuße aus Blumen, Laubzweigen und Gräsern.

APFELERNTE

Die allerersten Äpfel kamen wahrscheinlich aus Kasachstan in Asien. Heute gibt es auf der Welt etwa 7500 Apfelsorten. Sie schmecken lecker, und man kann auch sonst eine Menge mit ihnen anfangen.

ÄPFEL PFLÜCKEN

Auf einem großen Obsthof könnt ihr verschiedene Apfelsorten pflücken und probieren. Braeburn und Holsteiner Cox schmecken am besten roh. Elstar und Jonagold eignen sich gut für Apfelkuchen, und aus Boskop oder Herbstprinz kann man leckeres Apfelmus kochen.

Obstforscher nennt man auch **Pomologen.**

Es dauert vier oder fünf Jahre, bis ein junger Apfelbaum die **ersten Früchte** trägt.

APFELSPIELE

Apfelschnappen ist lustig. Ihr könnt auch versuchen, Pyramiden aus Äpfeln zu bauen oder Äpfel in Körbe zu werfen. Für einen Apfelkopf könnt ihr mit geschmolzenem Karamell ein Gesicht aus Rosinen, Schokoladenstückchen oder kleinen Marshmallows aufkleben. Guten Appetit!

MEHR ZEIT?

- Veranstaltet eine **Apfelprobe.** Besorgt Äpfel verschiedener Sorten und schneidet sie in kleine Stücke, sodass alle von jeder Sorte probieren können. Stimmt ab, welche Sorte am besten schmeckt.

APFELSAFT

Falläpfel mit Druckstellen kann man noch gut für Apfelsaft gebrauchen. Dieser Saft ist trüb und schmeckt nach der Apfelsorte, aus der er hergestellt wurde. Auf vielen Obsthöfen gibt es Saftpressen, zu denen man seine eigenen Äpfel bringen kann.

APFELDRUCK

Äpfel sind schön fest und handlich. Ihr Kerngehäuse sieht aus wie ein Stern. Schneidet zwei Äpfel durch, einen längs und einen quer. Gebt dann flüssige Farbe in eine flache Schale, taucht die Äpfel ein und stempelt Abdrücke auf Papier.

Für einen Liter Apfelsaft braucht man **10–12 reife Äpfel.**

NOCH MEHR IDEEN

- Nehmt Stoffmalfarbe und bedruckt **T-Shirts** oder Schürzen mit Äpfeln.
- Malt einen **Baum** und stempelt die Äpfel daran.
- Ihr könnt auch einen **Korb** malen und mit gedruckten Äpfeln füllen.

TIPP

- Um einen Apfel zu pflücken, umfasst man ihn am besten mit der ganzen Hand und **dreht ihn.** Nicht ziehen oder reißen!

Zum Drucken gebt ihr jede Farbe auf einen eigenen **Pappteller.**

1–1,5 Std

TIERGESICHTER

Mit bunten Blättern und anderen Fundstücken aus der Natur kann man tolle Tierbilder gestalten. Achtet beim Sammeln der Blätter auf den Aufbau. Schaut genau hin, ob die Blätter eine Hauptader in der Mitte haben, von der die anderen Adern abzweigen, oder ob alle Adern an der Basis des Blattes beginnen.

IHR BRAUCHT

- Packpapier, braune Tüten oder dünne Pappe
- Filzstifte
- Schere
- Klebstoff
- Verschiedene Blätter und andere Naturmaterialien

ANLEITUNG

1. Ein Tiergesicht auf das Papier oder die Pappe zeichnen und sorgfältig ausschneiden. Wie wäre es mit einem Löwenkopf mit einer Blättermähne, einem Huhn mit Federn aus Blättern oder einem Ziegenbock mit einem Blätterbart?
2. Das Gesicht umdrehen und ringsherum am Rand Klebstoff auftragen.
3. Die Blätter aufkleben. Für mehrere Schichten zwischendurch mehr Kleber auftragen.
4. Das Werk vorsichtig umdrehen. Ihr werdet staunen, wie viel Ausdruck die Tiere durch die Verzierung aus Blättern bekommen.

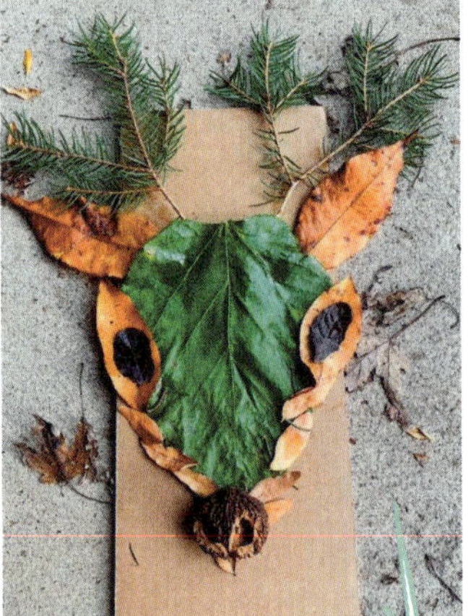

Das Gesicht des **Rehbocks** besteht aus einem einzigen großen Blatt.

NOCH MEHR IDEEN

- Ihr könnt auch auf das Papier verzichten und das **ganze Gesicht** aus Naturmaterialien basteln. Nehmt **Walnüsse** oder **Eicheln** für Augen, Nase und Mund.
- Schneidet Augenlöcher in das Tiergesicht, dann habt ihr eine **Maske.**

AUSPROBIEREN!
Herbstblätter haben genau die richtigen Farben für eine Löwenmähne.

1–2 Std

NATUR-TAGEBUCH

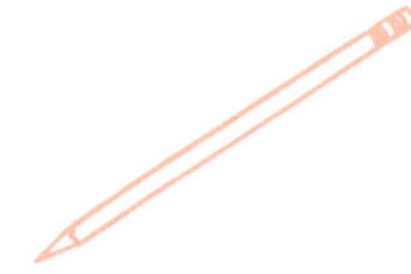

Wenn man versucht, Beobachtungen in der Natur zu zeichnen, muss man sich Zeit lassen und ganz genau hinschauen. Ein Naturtagebuch ist aber nicht nur für Bilder da. Man kann darin auch aufschreiben, was man mit anderen Sinnen als den Augen wahrnimmt, zum Beispiel Geräusche und Gerüche oder die eigene Stimmung beim Beobachten.

IHR BRAUCHT

- Notizbuch
- Bleistift, Farbstifte
- Blenderstift (wahlweise)
- Radiergummi
- Lupe oder Insektenbox mit Lupendeckel (wahlweise)
- Fernglas (wahlweise)
- Klemmbrett (wahlweise)

ANLEITUNG

1. Zuerst einen guten Beobachtungspunkt suchen.
2. Alle Utensilien ausbreiten, damit sie griffbereit sind.
3. Keine zu bunte Kleidung tragen. Sie kann Vögel und andere Tiere erschrecken und verjagen.
4. Zuerst einfache Tiere wie Würmer oder Käfer zeichnen und weitere Einzelheiten aufschreiben. Wie sieht das Tier aus, wie bewegt es sich, welche Geräusche macht es? Habt ihr etwas Neues herausgefunden? Schreibt es auf!

NOCH MEHR IDEEN

- Wenn das Buch Seiten aus dickem Papier hat, kann man auch mit **Wasserfarben** malen.
- Benutzt ein **Fernglas,** um Dinge in der Ferne zu beobachten und zu zeichnen.
- Wenn ihr zu mehreren seid, zeichnet und beschreibt dasselbe Tier. Vergleicht dann: Welche **Ähnlichkeiten** und **Unterschiede** findet ihr?

Aus **Packpapier** und Bindfaden könnt ihr selbst Bücher basteln.

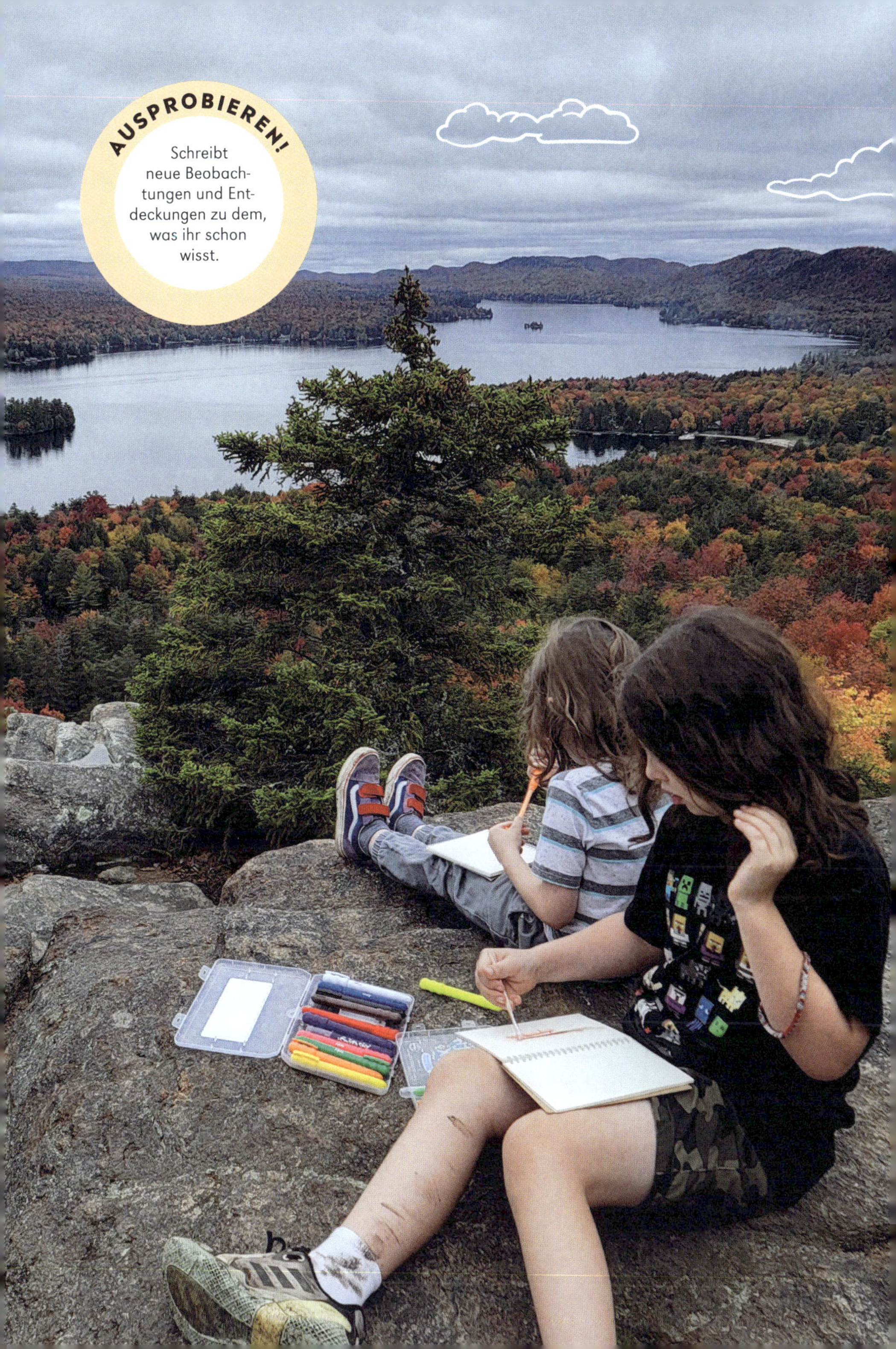
AUSPROBIEREN!
Schreibt neue Beobachtungen und Entdeckungen zu dem, was ihr schon wisst.

PILZE SAMMELN

Überall auf der Welt gibt es eine große Vielfalt an Pilzen. Es macht viel Spaß, Pilze in verschiedenen Größen, Formen und Farben zu suchen. Bevor ihr Pilze esst, lasst sie unbedingt von einem Pilzexperten prüfen.

SCHWEFELPORLINGE

Diese Pilze sind oft leuchtend gelb und orange, haben eine fächerartige Form und wachsen an Bäumen oder Baumstümpfen. Es gibt keine gefährlichen Pilzarten, die ihnen zum Verwechseln ähnlich sehen.

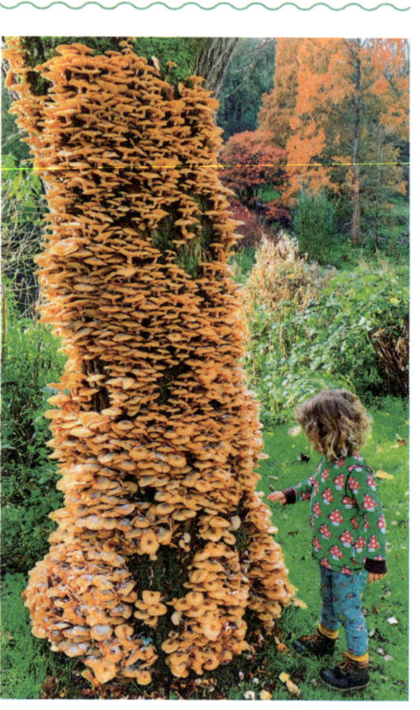

TIPP

- Wer auf der sicheren Seite bleiben will, isst nur die **narrensicheren Vier:** Schwefelporling, Pfifferling, Riesenbovist und Morchel.

PFIFFERLINGE

Pfifferlinge sind am besten in Wäldern zu finden, weil sie in direkter Nähe zu Baumwurzeln leben und eine feuchtwarme Umgebung lieben. Sie sind normalerweise goldgelb bis orange, manchmal auch rötlich oder schwarz, und duften leicht nach Aprikosen.

Die Falten auf der Unterseite der Hüte nennt man **Lamellen.**

RIESENBOVIST

Diese Pilze findet man meistens auf Wiesen, aber auch in Laubwäldern. Sie sind mit den Champignons verwandt. Riesenboviste haben keinen Hut und keinen Fuß, können aber so groß wie ein Fußball werden. Sie sind allerdings nicht kugelrund.

In jedem dieser Pilze stecken etwa **7 Billionen** Sporen.

MORCHELN

Morcheln tauchen oft nach starkem Regen auf und sind an ihren wabenartigen Hüten gut zu erkennen. Sie sind schwer zu finden, weil sie nicht jedes Jahr an derselben Stelle wachsen. Ihr Geschmack ist erdig und nussig. Man kann diese Pilze auch kaufen, aber sie sind teuer.

NOCH MEHR IDEEN

- Zeichnet die Pilze, die ihr findet, ins **Naturtagebuch.** Schreibt auf, wie groß sie sind, welche Farbe sie haben und wann und wo ihr sie entdeckt habt.

SICHERHEIT!

- Vorsicht: Manche Pilze sind **tödlich giftig,** da genügt schon, sie zu berühren. Immer einen Erwachsenen fragen!
- Auch Erwachsene können sich irren. Nehmt ein **Pilzbuch** mit in den Wald, schaut online nach oder zeigt die Pilze Fachleuten.
- Schaut euch an, welche giftigen Pilze **in eurer Gegend** wachsen. Prägt euch ein, wie sie aussehen, und haltet Abstand von ihnen.

Die runzligen **Morcheln** sind innen hohl.

WALDHÖHLE

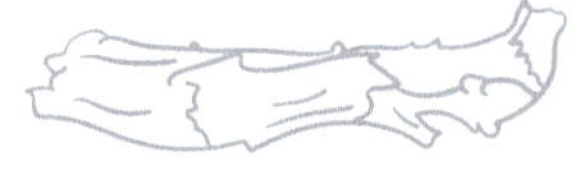

1–2 Std

Kinder lieben es, sich in Höhlen zu verstecken. Man kann sie im Haus aus Decken bauen, aber viel spannender ist eine selbst errichtete Höhle im Freien. Man kann mit wenigen Ästen beginnen und die Konstruktion mit der Zeit immer weiter ausbauen. Dann können die Kinder sich zum Lesen zurückziehen oder vor gefährlichen Drachen verkriechen.

IHR BRAUCHT

- Lange Äste und Zweige, dick und dünn
- Harke
- Blätter für das Dach

ANLEITUNG

1. Zuerst einen möglichst ebenen Platz suchen und mit einer Harke Äste und Steine entfernen.
2. Lange abgebrochene Äste sammeln.
3. Mit den dicksten Ästen das Grundgerüst bauen, zum Beispiel wie ein spitzes Wigwam. Die Äste stehen stabil, wenn man Astgabeln ineinander verhakt.
4. Wenn das Gerüst fertig ist, weitere Äste und Zweige für die Wände hinzufügen. Alle müssen schräg stehen, also an das Grundgerüst gelehnt werden, damit die Höhle ein Dach bekommt.
5. An der Vorderseite eine Öffnung lassen, denn die Höhle braucht ja einen Eingang.

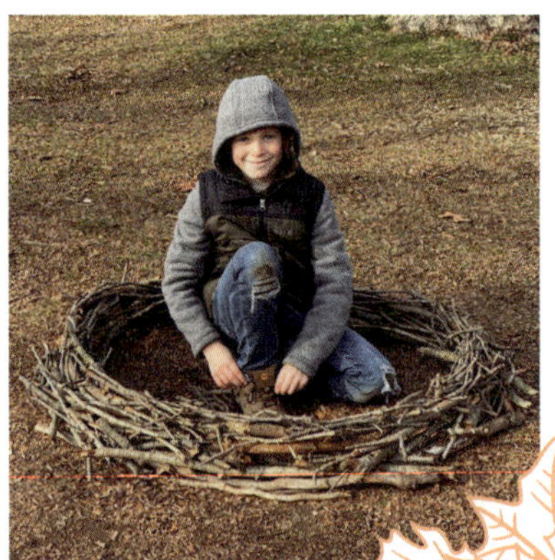

Wenn ihr die Zweige kreisförmig anordnet, könnt ihr ein **riesiges Nest** bauen.

MEHR ZEIT?

- Die Äste an beiden Seiten des **Eingangs** so anordnen, dass eine ordentliche »Tür« entsteht.
- Lücken in den Wänden mit **abgefallenen Blättern oder Moos** ausstopfen.

AUSPROBIEREN!
Die Höhle wird besonders stabil, wenn man sie zwischen Bäumen baut.

AUSPROBIEREN!
Sucht nur Dinge aus, die tatsächlich in den Eierkarton passen.

1–2 Std

SCHATZSUCHE MIT EIERKARTON

Sammeln und Suchen sind Tätigkeiten, für die sich fast alle Kinder begeistern können. Dieses Spiel eignet sich für alle Jahreszeiten und kann an jede Umgebung angepasst werden. Eierkartons dienen als praktische Sammelboxen mit Deckel für die gefundenen Schätze.

IHR BRAUCHT

- Blatt Papier
- Schere
- Eierkarton
- Lineal
- Stifte
- Klebstoff

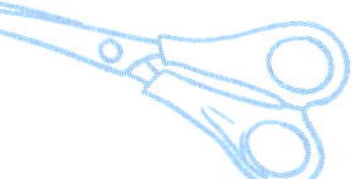

ANLEITUNG

1. Ein Stück Papier so zuschneiden, dass es etwas kleiner ist als der Deckel des Eierkartons.
2. Das Papier mit Lineal und Stift in so viele Felder teilen, wie Eier in den Karton passen.
3. Die gleiche Anzahl an Gegenständen aus der Natur wählen, die in der jeweiligen Gegend leicht zu finden sind.
4. Die einzelnen Gegenstände in die Felder zeichnen, z. B. Blüten, Eicheln, Nüsse, Baumzapfen, Baumrinde, Samen, Federn, Blätter oder Muscheln.
5. Das Papier auf die Innenseite des Deckels kleben.
6. Auf die Suche nach den gezeichneten Gegenständen gehen und alle gefundenen Dinge in die Fächer des Eierkartons legen.

Ihr könnt die Fundstücke im Eierkarton **präsentieren.**

MEHR ZEIT?

- Jeder bereitet einen Eierkarton für ein anderes **Familienmitglied** vor.
- **Verziert** die Eierkartons, bevor ihr suchen geht. Ihr könnt zum Beispiel die Fächer farbig bemalen.

SPIELPLATZ NATUR

Spielplätze mit Geräten sind schön und gut, aber die Natur als Spielplatz ist noch spannender, weil sie sich ständig verändert und entwickelt. Außerdem kann man draußen alle möglichen Dinge zum Spielen finden.

BALANCIEREN

Ein umgefallener Baumstamm kann ein Dinosaurier sein, eine Schlange, ein Zug oder ein Flugzeug. Man kann auch gut darauf balancieren. Im Gegensatz zu einem Schwebebalken ist ein Baumstamm aber nie ganz glatt und gerade. Das macht es schwieriger!

Balancieren kann man auch auf einer **Slackline,** die zwischen zwei Bäumen gespannt ist.

KLETTERN

Sucht euch zum Klettern einen stabilen Baum mit vielen Ästen. Schaut zuerst nach, ob die Äste morsch oder faul sind. Klettert nur so weit, wie ihr es aus eigener Kraft schafft. Beim Hinabsteigen müsst ihr mit den Füßen tasten, damit ihr sicheren Halt findet. Wer nicht sicher ist, bittet um Hilfe.

Beim Klettern muss man bei jedem Schritt eine **durchdachte Entscheidung** fällen.

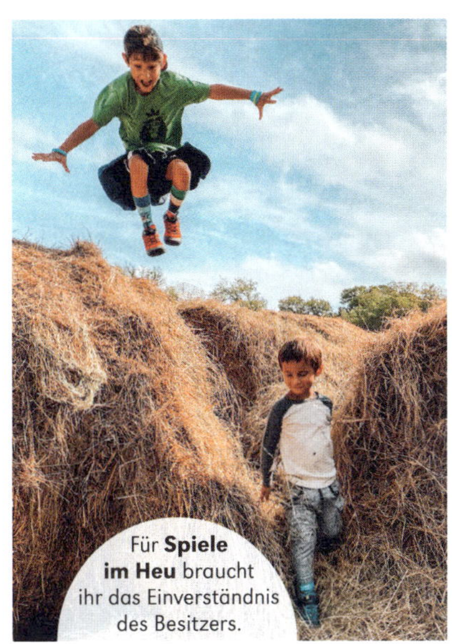
Für **Spiele im Heu** braucht ihr das Einverständnis des Besitzers.

SPRINGEN

Springen stärkt das Skelett. Jede Landung belastet die Knochen in einem gesunden Maß und erhöht dadurch ihre Dichte. In der Natur finden sich viele Gelegenheiten zum Darüber- oder Hinunterspringen.

SCHAUKELN

Beim Schaukeln fühlt man sich, als würde man fliegen. Dafür braucht man gar kein Spielgerät. Ihr könnt auch an dicken Reben oder Ranken schaukeln. Ein Erwachsener sollte vorher überprüfen, ob sie stabil genug sind und euch halten.

KOPFÜBER

Haltet euch mit Armen und Beinen an einem dicken Ast fest wie ein Faultier und lasst den Kopf hängen. Kopfüber zu hängen ist eine Herausforderung für unser Nervensystem.

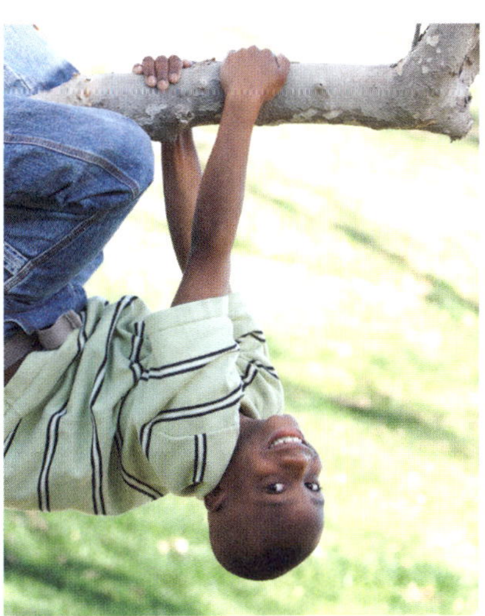
Wer kann kopfüber am Ast **entlanghangeln?**

Wer kann sich **hochziehen** und über den Ast schauen?

30 Min

BLÄTTERKRONE

Eine Krone kann man für viele Fantasiespiele gut gebrauchen. Wer diese Blätterkrone trägt, regiert den Wald! Wie die Krone aussieht, hängt ganz davon ab, welche Blätter ihr verwendet. Geht auf die Suche nach Blättern in interessanten Formen und Farben!

IHR BRAUCHT

- 12–15 Blätter, je nach Breite
- Schere
- Tacker und Klammern
- 1 Streifen Pappe oder stabiles Papier (muss um den Kopf passen)

ANLEITUNG

1. Vorsichtig alle Stiele von den Blättern abschneiden, damit sie euch beim Tragen der Krone nicht piksen.
2. Den Pappstreifen so um den Kopf legen, dass er gut passt, ohne euch vor die Augen zu rutschen. Die Länge anzeichnen.
3. Den Pappstreifen zusammentackern und das überschüssige Ende abschneiden. Dabei kann ein Erwachsener helfen.
4. Jetzt die Blätter an die Krone tackern. Sie müssen nach oben zeigen, damit sie nicht die Augen verdecken. Sie können nebeneinander oder überlappend befestigt werden. Lasst euch dabei ruhig von einem Erwachsenen helfen.
5. Probiert verschiedene Kombinationen und Anordnungen aus, z. B. ein kleines Blatt neben einem großen.
6. Wer in den Händen nicht genug Kraft zum Tackern hat, kann die Blätter auch festkleben.

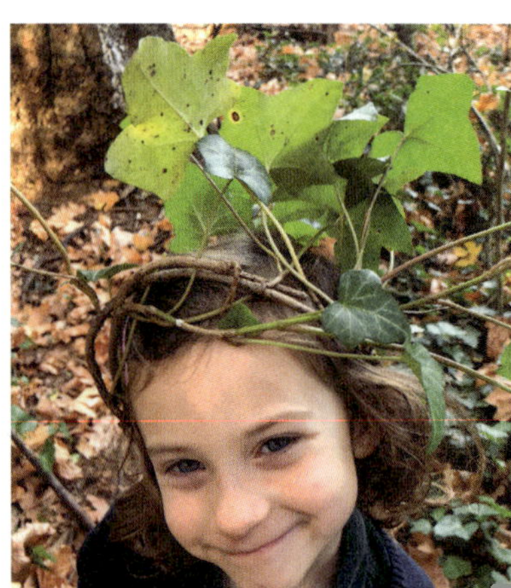

Ihr könnt auch Kronen aus **biegsamen Ranken** basteln und daran Blätter befestigen.

NOCH MEHR IDEEN

- Verziert die Krone mit **Wildblumen, Samenständen** oder **Federn.**
- Wer keine Blätter findet, kann sie auch **zeichnen.** Danach anmalen, ausschneiden und festtackern oder ankleben.

AUSPROBIEREN!
Malt zuerst den Pappstreifen in einer ähnlichen Farbe wie die Blätter an.

1 Std

EICHELKERZEN

Habt ihr schon einmal gesehen, wie sich ein Eichhörnchen eine Eichel schnappt? Und was bleibt übrig, wenn es die Eichel gefressen hat? Die Kappe! Diese Kappen könnt ihr sammeln und daraus kleine Schwimmkerzen basteln – am besten mehrere, das sieht besonders schön aus.

IHR BRAUCHT

- Eichelkappen
- Kerzenwachs
- Löffel aus Metall
- Kerze, Streichhölzer oder Feuerzeug
- Dochte
- Schüssel mit Wasser

ANLEITUNG

1. Zuerst im Freien Eichelkappen sammeln – je größer, desto besser.
2. Nun etwas Wachs auf den Löffel geben und über eine brennende Kerze halten, damit es schmilzt. Vorsicht, das Wachs wird heiß. Lasst euch dabei von einem Erwachsenen helfen.
3. Das flüssige Wachs in eine Eichelkappe gießen.
4. Einen Docht senkrecht ins Wachs stecken und festhalten, bis das Wachs fest wird.
5. Wenn das Wachs fest ist, den Docht abschneiden.
6. Eine Schüssel mit Wasser füllen und die Eicheln darauf schwimmen lassen. Die Kerzen anzünden. Dabei kann ein Erwachsener helfen.
7. Brennende Kerzen nie unbeaufsichtigt lassen!

Stellt die Schale zusammen mit Kürbissen und **herbstlichen Blumen** auf den Tisch.

NOCH MEHR IDEEN

- Ihr könnt das Wachs mit **Lebensmittelfarbe** färben. Aber Vorsicht, sie hinterlässt Flecken auf Händen, Kleidung und Möbeln.
- Eine Schale mit Schwimmkerzen ist eine schöne **Tischdekoration.**

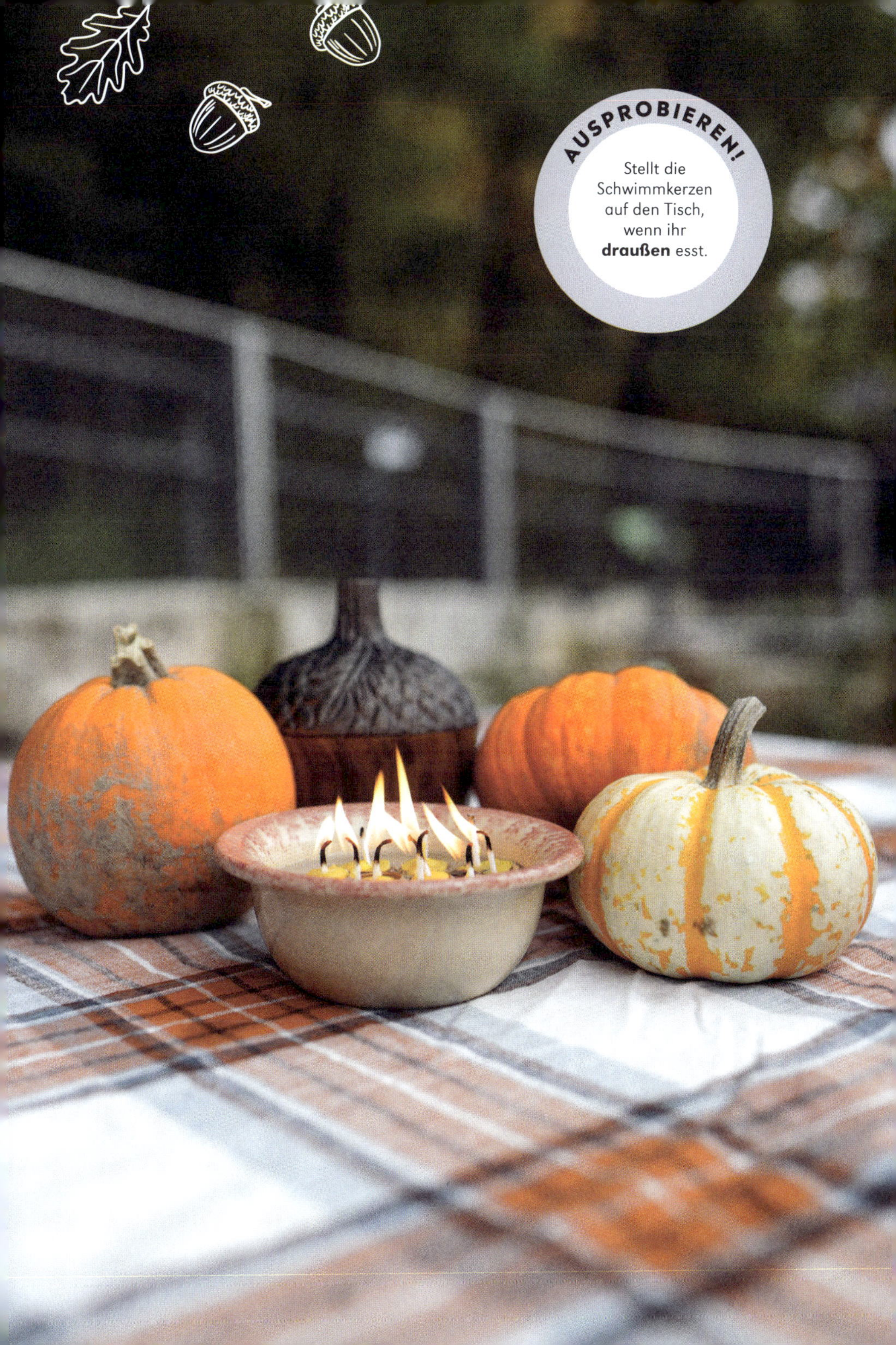
AUSPROBIEREN!
Stellt die Schwimmkerzen auf den Tisch, wenn ihr **draußen** esst.

MACH'S WIE HANS

Dieses uralte Spiel kann man zu allen Jahreszeiten spielen, aber im Freien macht es besonders viel Spaß. Dafür muss man mindestens zu zweit sein, aber schöner ist es, wenn mehr Kinder mitmachen.

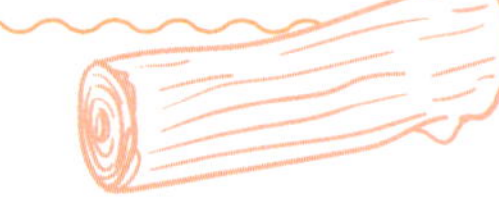

HERBST

Ein Mitspieler ist »Hans«, der als Anführer vorangeht. Die anderen folgen ihm und müssen alles, was er tut, möglichst genau nachahmen. Im Herbst, wenn nicht mehr so viele Insekten unterwegs sind, ist das Spiel ein wunderbarer Zeitvertreib im Wald.

Auf umgekippten Baumstämmen kann man prima **balancieren.**

WINTER

Bei kaltem Winterwetter haben Kinder manchmal keine Lust, nach draußen zu gehen. Dann sind motivierende Spiele eine gute Lösung. »Mach's wie Hans« eignet sich besonders gut, weil ihr die Spuren sehen könnt, die ihr im Schnee hinterlasst.

»Mach's wie Hans« trainiert die **Beobachtungsfähigkeit.**

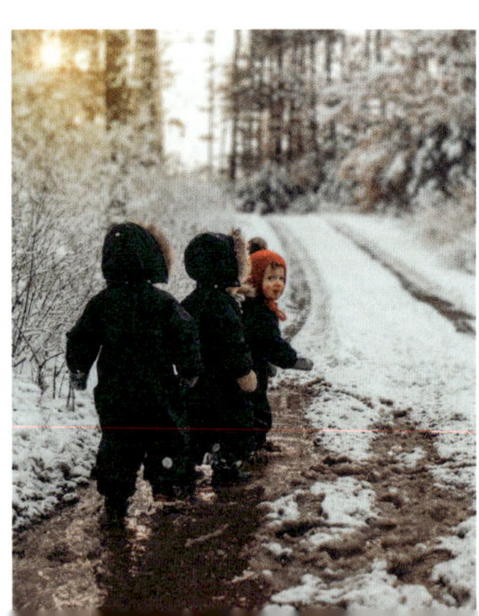

FRÜHJAHR

Nach dem langen Winter haben wir Lust auf Bewegung an der frischen Luft. Dann können »Hans« und seine Mitspieler zum Beispiel über die Steine in einem Bachbett hüpfen und balancieren.

Macht alles nach, was Hans vormacht, auch **Geräusche** und **Gesten.**

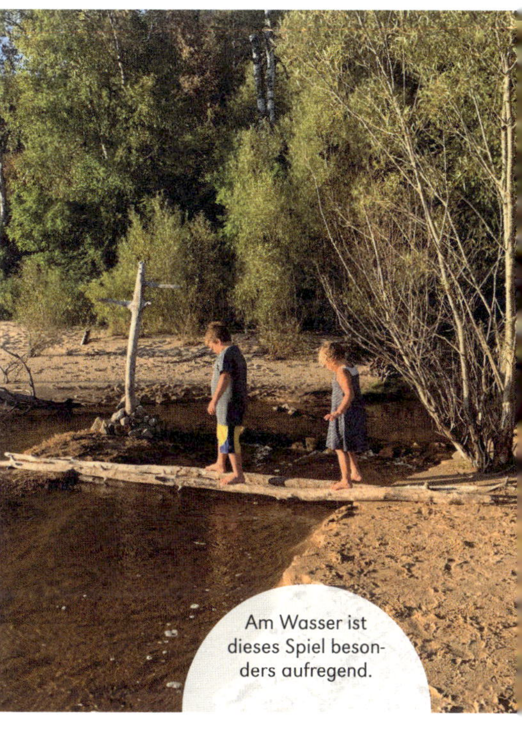

Am Wasser ist dieses Spiel besonders aufregend.

TIPP

- Wer es nicht schafft, Hans nachzumachen, ist für diese Runde raus. Das Kind, das zuletzt übrig bleibt, wird der **neue Anführer.**

SOMMER

Hüpft auf einem Hopsball oder prellt einen Basketball. Ihr könnt auch beim Laufen einen kleinen Ball in die Luft werfen und wieder fangen.

Spielt nur auf einer Anwohner- oder **Spielstraße!**

DURCH DIE LUPE

Eine Lupe ist ein Vergrößerungsglas, mit dem man kleine Dinge viel genauer betrachten kann als mit dem bloßen Auge. Das ist nicht nur spannend, sondern schult auch die Konzentration und die Auge-Hand-Koordination.

PFLANZEN GENAU ANSEHEN

Mit einer Lupe kann man Feinheiten genau studieren, etwa die Adern eines Blattes. Die Vergrößerung zeigt, ob eine Pflanze kleine Härchen hat oder ob winzige Insekten auf ihr herumkrabbeln.

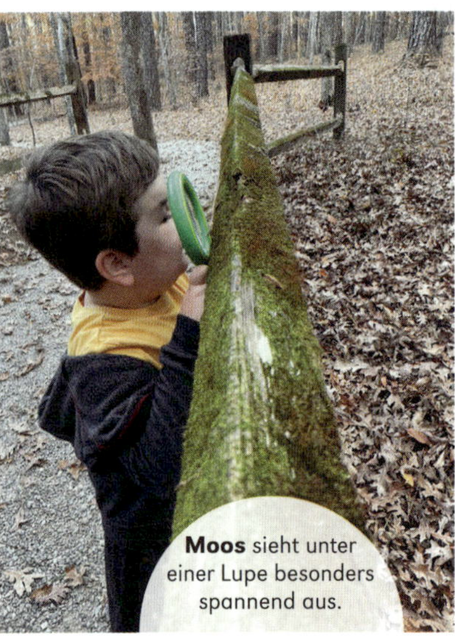

Moos sieht unter einer Lupe besonders spannend aus.

STEINE STUDIEREN

Haltet an Wanderwegen, in Bächen oder im Garten nach Steinen Ausschau. Unter der Lupe könnt ihr trockene Steine genau betrachten. Manchmal enthalten sie Mineralien, die man erkennen kann. Feuchtet die Steine an. Sehen sie jetzt anders aus?

MEHR ZEIT?

- Ein tolles Spiel ist **»Farben suchen«.** Dabei sagt ein Mitspieler eine Farbe an, und die anderen müssen Dinge in dieser Farbe finden. Schaut sie euch durch das Vergrößerungsglas genau an. Sehen sie so aus, wie ihr es erwartet habt?

Schaut einmal zwischen die **Schuppen** eines Baumzapfens.

INSEKTEN

Ihr findet Insekten unter Steinen und Pflanzen oder auf Baumrinde. Fangt sie ganz vorsichtig mit den Händen, einem Netz oder einem Insektenfänger. Setzt sie in eine Schale, und schaut sie euch mit der Lupe genau an. Lasst sie dann dort wieder frei, wo ihr sie gefunden habt.

Durch eine Lupe sehen Dinge **viel größer** aus als in Wirklichkeit.

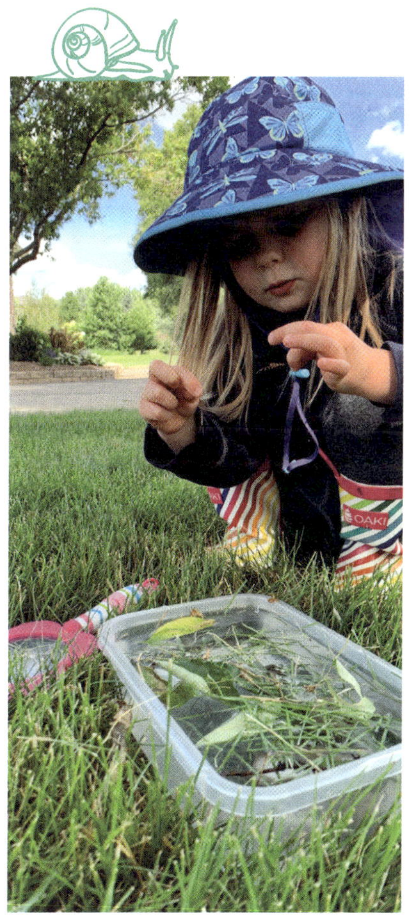

NOCH MEHR IDEEN

- Erforscht mit einer Lupe die Kristalle in einem Eiswürfel. Schaut euch auch eine alte Schüssel, eine benutzte Haarbürste oder Federn an. Ihr werdet **staunen!**

Sehen Dinge im Wasser unter einer Lupe **anders** aus?

FLASCHENLUPE

Eine Lupe kann man sogar selbst herstellen: Füllt einfach eine durchsichtige Flasche mit Wasser und schraubt den Deckel fest zu. Am besten geht es mit einer Glasflasche, aber ihr könnt es auch mit einer Plastikflasche versuchen.

AUSPROBIEREN!
Mit Wackel-
augen wird das
Blatt zu einem
lustigen Gesicht.

30–45 Min

BLÄTTERKUNST

Die Blätter von Eiche, Ahorn oder Esche sehen ganz verschieden aus. Im Herbst landen sie alle auf der Erde. Ihr könnt sie sammeln und daraus verschiedene Sachen basteln. Da gibt es so viele Möglichkeiten wie Blätter. Ihr könnt sie in Gesichter verwandeln, bemalen und noch viel mehr.

IHR BRAUCHT

- Blätter
- Farbe
- Pinsel
- Klebstoff
- Wackelaugen (wahlweise)
- kompostierbaren Glitzer (wahlweise)
- Metallic Marker (wahlweise)

ANLEITUNG

1. Geht nach draußen und sammelt jede Menge Blätter, möglichst viele verschiedene.
2. Die Blätter auf dem Boden ausbreiten und nach Lust und Laune bemalen.
3. Ihr könnt Wackelaugen aufkleben oder sie mit Glitzer bestreuen.
4. Malt Gesichter, klebt sie zu Tieren zusammen oder zeichnet mit einem Metallic Marker Muster darauf.

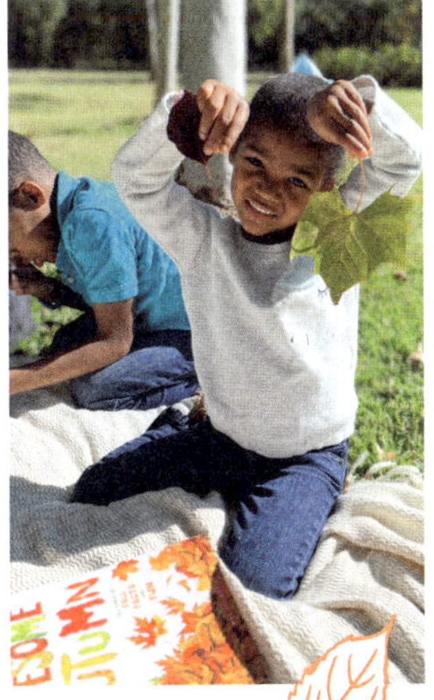

Wie viele **verschiedene Blätter** findet ihr?

NOCH MEHR IDEEN

- Legt aus den Blättern ein **kreisförmiges Mandala.**
- Klebt die bemalten Blätter als **Mosaik** oder **Collage** auf Papier.
- Ordnet die Blätter zu **Buchstaben** an. So könnt ihr eine Nachricht auf den Boden schreiben. Wenn sie länger halten soll, klebt die Blätter auf einen großen Bogen Papier.

KLEINE TIERCHEN

Auf der Erde gibt es jede Menge interessante Tiere: große und kleine, haarige und glitschige, und alle haben eine Aufgabe. Schnecken, Würmer und Spinnen sind in jedem Garten oder Park zu finden. Schaut einmal, wie viele ihr entdecken könnt. Aber wascht euch die Hände, nachdem ihr sie angefasst habt.

NACKTSCHNECKEN

Nacktschnecken können durch ihre Haut atmen! Sie fressen nicht nur Gartenpflanzen, sondern auch abgestorbene Pflanzenteile, und verwandeln sie in Erde. Das ist sehr nützlich.

GEHÄUSESCHNECKEN

Diese Schnecken tragen ihr Haus immer auf dem Rücken mit sich herum. Ansonsten unterscheiden sie sich nicht von Nacktschnecken. Auch sie verwandeln Pflanzenabfälle in Erde.

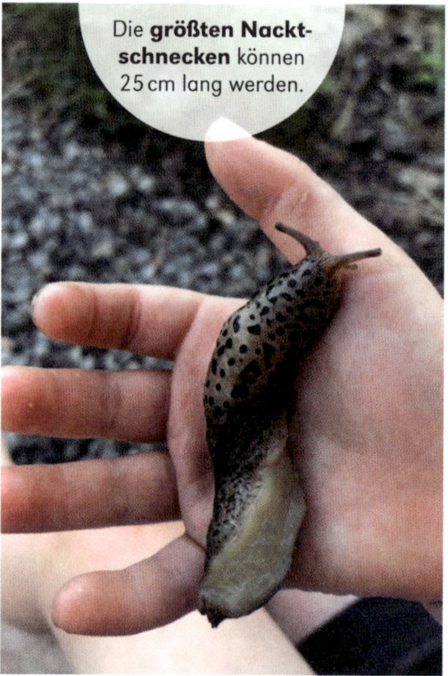

Die **größten Nacktschnecken** können 25 cm lang werden.

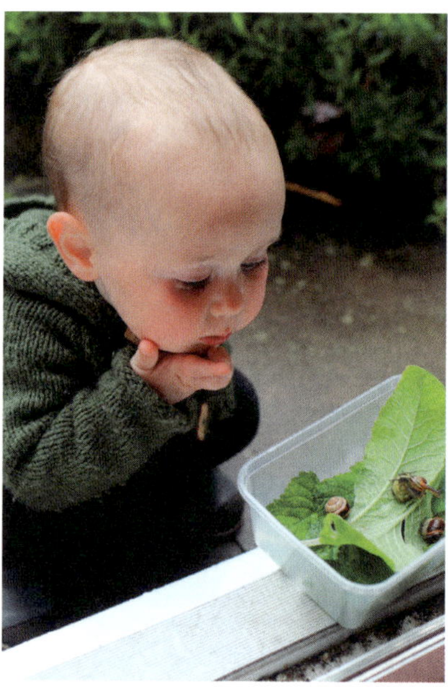

MEHR ZEIT?

- Setzt **gesammelte Tiere** in eine Plastikbox, damit ihr sie ganz in Ruhe beobachten könnt. Gebt ihnen etwas zu fressen, und bringt sie danach wieder dahin, wo ihr sie gefunden habt.

Schnecken haben Zungen mit **winzigen Zähnen,** um ihre Nahrung zu zerkleinern.

SPINNEN

Es gibt zwar einige giftige Spinnen, aber die allermeisten sind für uns Menschen harmlos. Spinnen fressen vor allem Insekten, auch Pflanzenschädlinge. Spinnenfäden sind sehr fein und viel dünner als ein Menschenhaar.

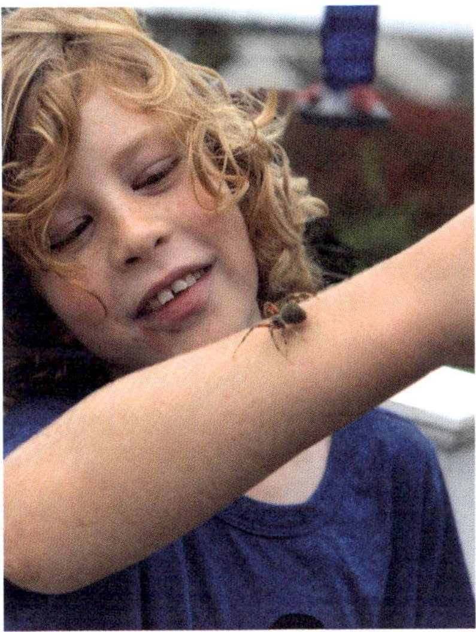

Trau dich, eine große **Spinne** auf deinem Arm krabbeln zu lassen.

NOCH MEHR IDEEN

- Schiebt vorsichtig ein Blatt Papier unter eine Schnecke. So könnt ihr die **Schleimspur** gut sehen.
- Leere **Schneckenhäuser** könnt ihr zum Basteln gebrauchen.
- Wer kann sich wie ein **Wurm** fortbewegen? Wie weit kommt ihr?

Der Körper eines **Regenwurms** besteht aus vielen Segmenten.

TIPP

- Vor Krabbeltieren muss man sich nicht fürchten. Je genauer du sie beobachtest, desto schneller wirst du dich **an sie gewöhnen.** Nimm sie ruhig auch in die Hand.

WÜRMER

Regenwürmer sind unglaublich wichtig für den Boden. Sie zerkleinern Pflanzenabfälle. So wird daraus wieder nährstoffreiche Erde, in der neue Pflanzen wachsen können.

25–40 Min

STEINTÜRME

In der Natur sieht man manchmal kleine Türme aus Steinen. Sie helfen Wanderern, ihren Weg zu finden. Versucht einmal, möglichst viele Steine aufeinanderzustapeln. Das ist nicht einfach, weil Steine oft rundlich sind. Baut eure Türme anschließend wieder ab, damit sie nicht die Wanderer verwirren.

IHR BRAUCHT

- Steine
- Mehr Steine
- Noch mehr Steine

ANLEITUNG

1. Für einen hohen Turm braucht ihr zuerst einen großen Stein mit möglichst flacher Form.
2. Nun auf die Suche nach weiteren Steinen gehen. Damit der Turm sicher steht, sollte jeder Stein ein bisschen kleiner als der vorherige sein. Ein großer Stein fällt von einem kleineren leicht herunter.
3. Setzt Stein auf Stein, und achtet darauf, dass der Turm immer stabil steht. Wenn er umfällt, könnte sich jemand verletzen. Passt gut auf eure Finger und Zehen auf.
4. Stapelt die Steine immer höher auf. Setzt ganz oben einen kleinen Kieselstein auf die Spitze. Fertig ist der Turm!

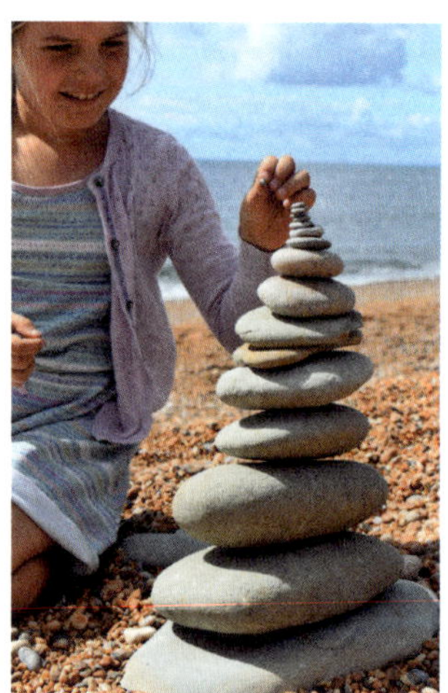

Wie viele Steine könnt ihr stapeln?

NOCH MEHR IDEEN

- Baut einen Steinturm in einem Bach, sodass er aus dem Wasser ragt. Das sieht aus, als würde der Turm **auf dem Wasser schwimmen.**
- Baut um die Wette: Wer baut in einer festgelegten Zeit den **höchsten Turm?**
- Auch zu Hause im **Garten** könnt ihr genug Steine für einen Turm finden.

AUSPROBIEREN!
Baut mehrere
Türme und legt
flache Steine wie
Brücken darüber.

INSEKTENHOTEL

In einem Insektenhotel können nützliche kleine Tiere den kalten Winter überleben oder Eier legen und ihre Jungen groß ziehen. Es ist gar nicht schwer, ein Insektenhotel selbst zu bauen.

DER ROHBAU

Zuerst aus Holzbrettern einen Rahmen zusammennageln. Dabei sollte ein Erwachsener helfen. Ihr könnt auch eine alte Schublade verwenden. Sie muss mindestens 8 cm tief sein. Am besten ist es, wenn das Dach etwas übersteht – als Schutz vor Regen.

MATERIAL SAMMELN

Den Rahmen mit geeigneten Materialien füllen. Ihr könnt hohle Stängel, Schilfrohr, Bambus oder Holzblöcke mit selbst gebohrten Löchern verwenden. Je nach Größe des Kastens kann man freien Platz mit hübschen Hölzern, Zapfen oder Gräsern füllen. In die Rückwand ein Loch zum Aufhängen bohren.

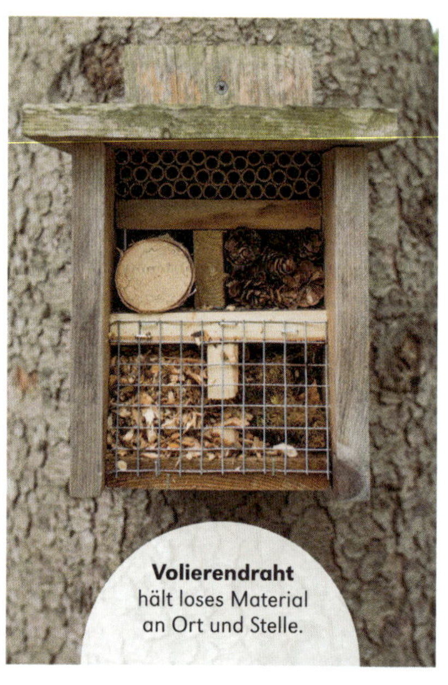

Volierendraht hält loses Material an Ort und Stelle.

Der Kasten muss **tief** genug sein, damit das Material nicht herausfällt.

NOCH MEHR IDEEN

- **Stücke von Baumrinde** sind ein gutes Zuhause für Käfer, Spinnen und Tausendfüßler.
- In einem Haufen aus **Laub und dünnen Zweigen** überwintern auch Igel oder Frösche.
- Florfliegen ziehen sich gerne unter **welke Gräser** zurück.
- Wildbienen mögen Löcher und Röhren (nicht aus Plastik!) an einem **sonnigen Platz.**

EIN GANZES DORF

Insekten sind sehr wichtig, weil sie Pflanzen bestäuben und den Boden verbessern. Sie sind aber auch ein wichtiges Glied in der Nahrungskette, denn Vögel und andere Tiere fressen Insekten. Baut doch aus mehreren Insektenhotels, Steinen und Baumzapfen ein ganzes Dorf für die Insekten!

Wie soll euer **Insektendorf** heißen?

AUSPROBIEREN!
Was passiert, wenn ihr beim Pusten den Abstand zum Papier verändert?

30 Min

PUSTEBILDER

An dieser Art von Bildern haben auch Erwachsene Spaß! Seifenblasen sind sowieso schon spannend, aber wenn damit Bilder entstehen, ist es noch viel besser. Nehmt euch dieses Projekt an einem windstillen Tag vor – sonst fliegen die Seifenblasen weg, statt auf dem Papier zu landen.

IHR BRAUCHT

- Esslöffel
- Seifenblasenmischung
- Muffinblech oder kleine Behälter (groß genug für den Seifenblasenring)
- Lebensmittelfarbe
- Zeichenpapier, Tonpapier oder Pappe
- Seifenblasenringe (vielleicht verschiedene Größen und Formen)

ANLEITUNG

1. In jeden Behälter zwei Esslöffel Seifenblasenmischung geben. Ihr braucht für jede Farbe einen anderen Behälter.
2. Einige Tropfen Lebensmittelfarbe hinzufügen. Vorsicht, sie kann Flecken auf Haut und Kleidung hinterlassen.
3. Das Papier auf eine ebene Fläche legen. Falls nötig, Zeitungspapier oder Folie unterlegen.
4. Den Seifenblasenring in einen Behälter tauchen und wieder anheben. Er muss ganz mit der Seifenblasenlösung gefüllt sein.
5. Nun Blasen auf das Papier pusten.
6. Wenn die Blasen auf das Papier treffen, platzen sie. Dabei entstehen interessante Muster.
7. Mit den anderen Farben wiederholen.

MEHR ZEIT?

- Vor dem Pusten mit Kreppklebeband Teile des Papiers abkleben, zum Beispiel Buchstaben oder ein kleines Haus. Blasen pusten, trocknen lassen und danach vorsichtig das Klebeband abziehen.

MEHR IDEEN

- Mit Seifenblasen kann man auch den Umschlag eines **Notizbuchs** verzieren.
- Große Bögen mit Seifenblasenmustern sind schönes **Geschenkpapier.**

BLÄTTERKRANZ

30–45 Min

Ein schöner Kranz ist eine tolle Dekoration für die Haustür. Er ist einfach zu basteln und kostet nicht viel. Das Beste ist, dass man in jeder Jahreszeit andere interessante Materialien für Kränze finden kann. Das sorgt für Abwechslung!

IHR BRAUCHT

- Pappe oder großen Pappteller
- Schere
- Verschiedene Blätter
- Klebstoff
- Metallic Marker (wahlweise)
- Lackmalstifte oder Acrylfarbe und Pinsel (wahlweise)
- Locher
- Band oder Schnur

ANLEITUNG

1. Den Pappteller zur Hälfte falten und in der Mitte einen Halbkreis ausschneiden. So habt ihr nach dem Aufklappen einen Ring. Ihr könnt auch Pappe nehmen und daraus einen Ring zuschneiden.
2. Wenn ihr wollt, könnt ihr die Blätter jetzt mit Metallic Markern, Lackmalstiften oder Acrylfarbe bemalen. Entweder bemalt ihr die Blätter, bevor sie am Kranz befestigt werden, oder ihr verziert den fertigen Kranz nach Schritt 4.
3. Die Blätter auf den Pappring kleben. Sie dürfen einander gern überlappen.
4. Den Klebstoff gut trocknen lassen.
5. Jetzt mit dem Locher ein Loch zum Aufhängen in den Rand der Pappe stanzen. Dafür müsst ihr entscheiden, wo oben ist.
6. Ein Stück Band durch das Loch fädeln und verknoten.
7. Und schon kann der Kranz aufgehängt werden.

MEHR ZEIT?

- Wenn der Klebstoff trocken ist, eine **zweite Schicht** Blätter aufkleben, damit der Kranz fülliger wird.

NOCH MEHR IDEEN

- Bildet aus den Blättern ein Muster. Ihr könntet **abwechselnd** große und kleine Blätter oder solche in verschiedenen Farben aufkleben.
- Wenn der Kranz gut gelungen ist, könnt ihr ihn auch an liebe Menschen verschenken. Die **Großeltern** freuen sich bestimmt.

AUSPROBIEREN!

Ihr könnt den Kranz auch als Rahmen für ein Bild oder Foto benutzen.

REGENSPIELE

Es gibt kein schlechtes Wetter, sondern nur falsche Kleidung. Auch an Regentagen kann man draußen eine Menge erleben. Achtet einmal darauf, wie sich Regen anfühlt und wie er klingt. Bei Regen riecht die Welt auch anders.

REGENSCHIRM

Unternehmt einen Spaziergang mit einem Regenschirm. Horcht, wie die Tropfen auf euer Dach trommeln. Wenn der Himmel grau ist, sieht ein bunter Regenschirm schön fröhlich aus. Ihr könnt auch ein Regenlied singen, um die triste Stimmung zu vertreiben.

Ein Regenschirm ist **groß genug** für zwei!

WEGRÄNDER

Bei starkem Regen kann man am Rand von gepflasterten Flächen mit kleinen Plastikbooten spielen oder beobachten, wie Blätter in die Abflüsse schwimmen. Spielt aber nie an Straßen, auf denen Autos fahren.

Schaut nach **Regenwürmern** und setzt sie vorsichtig wieder ins Gras.

PICKNICK UNTERM SCHIRM

Nehmt ein Picknick mit nach draußen, setzt euch auf eine wasserdichte Plane, und stellt Schirme auf. Wenn es kühl ist, könnt ihr eine warme Suppe oder einen überbackenen Toast essen. Lauscht dabei auf den prasselnden Regen.

Stellt einen Becher auf und messt, **wie viel Regen** während eures Picknicks fällt.

PLATSCH!

Es macht riesigen Spaß, mit Wasser herumzuspritzen. Geht einmal vorsichtig durch eine Pfütze, stapft durch das Wasser und springt hinein. Probiert aus, wie hoch das Wasser dabei spritzt.

Wenn Regen auf trockene Erde fällt, entsteht ein ganz besonderer **Geruch.**

PFÜTZENSPIELE

Mit einer Magnetangel kann man kleine Metallgegenstände aus einer Pfütze fischen. Ihr könnt auch verschiedene Gegenstände in die Pfütze legen und ausprobieren, ob sie schwimmen oder untergehen.

Badewannenspielzeug schwimmt auch in Pfützen gut.

BLICK ZUM HIMMEL

Welche Vögel ihr beobachten könnt, hängt von eurem Wohnort ab. Aber auch die Jahreszeit spielt eine Rolle. Manchmal kann man Vögel mit Futter anlocken, um sie ganz aus der Nähe zu betrachten.

VOGELZUG

Viele Vögel fliegen im Herbst weg, weil sie woanders mehr Nahrung oder bessere Brutplätze finden. Manche legen dabei Strecken von mehreren Tausend Kilometern zurück.

NOCH MEHR IDEEN

- Versucht, mit Futter, geschützten Nistplätzen und Wasser zum Trinken und Baden viele Vögel in euren Garten einzuladen.

Schneegänse brüten in der Arktis. Einige von ihnen fliegen im Herbst weiter nach Süden.

WINTERSCHLAF

Manche Tiere bleiben im Winter hier, schlafen aber. Das Herz einer Fledermaus schlägt 200- bis 300-mal pro Minute, im Winterschlaf aber nur zehnmal, und sie muss nur alle paar Minuten atmen. Ihre Körpertemperatur kann bis fast an den Gefrierpunkt absinken. So spart das kleine Säugetier Energie und muss während des Winterschlafs nichts fressen.

Manche Fledermäuse halten **sechs Monate** lang Winterschlaf.

Spechte kann man auch in der kalten Jahreszeit recht oft sehen (und hören).

VÖGEL ENTDECKEN

Welche Vögel leben in eurer Gegend? Spechte gibt es in vielen Ländern. Sie hämmern mit dem Schnabel in Baumstämme, um Partner anzulocken und leckere Insekten zu finden.

MIT FERNGLAS

Mit einem Fernglas kann man weit entfernte Dinge viel genauer sehen. Es ist sehr praktisch, um Vögel zu beobachten, die sich erschrecken und wegfliegen, wenn man ihnen zu nahe kommt.

FESTER PLATZ

Sucht euch einen guten Platz, an dem man Vögel beobachten kann, vielleicht sogar im Sitzen. Merkt ihn euch und besucht ihn öfter, um nachzuschauen, ob sich etwas verändert hat. Vielleicht könnt ihr jedes Mal andere Vögel beobachten?

Im Wald könnt ihr Vögel **in ihrer natürlichen Umgebung** beobachten.

In einer **Hängematte** kann man gemütlich die Vögel beobachten.

BUNTE DRACHEN

Es fühlt sich toll an, einen Drachen steigen und fliegen zu lassen. Für die Augen ist es gut, wenn wir nahe und auch ferne Dinge anschauen. Außerdem lernt man beim Üben mit dem Drachen auch etwas über Wetter und Physik.

SELBER BAUEN

Für einen einfachen Drachen bindet ihr einen kurzen und einen langen Stock kreuzweise zusammen. Schneidet einen Müllbeutel so zu, dass er auf das Gestell passt, und bindet ihn an den Ecken fest. An den kurzen Stock bindet ihr eine Schlaufe aus Schnur und befestigt daran eine lange Schnur.

Bindet lange **Bänder** als Schwanz an eure Drachen.

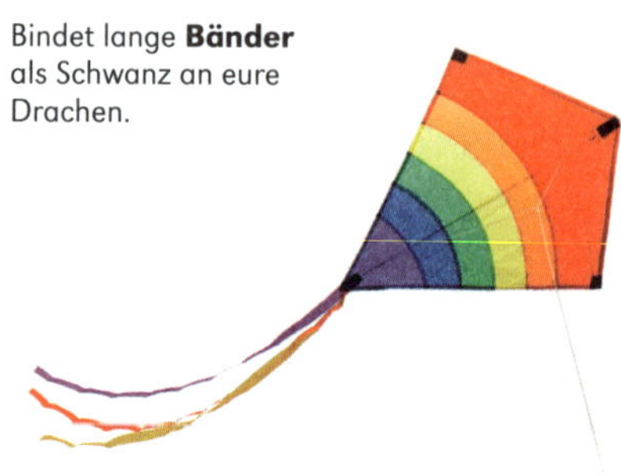

DURCHHALTEN

Es ist nicht so einfach, einen Drachen in die Luft zu bekommen. Oft muss man es wieder und wieder versuchen, und wenn es zu klappen scheint, stürzt er doch wieder ab. Dranbleiben ist wichtig, denn das trainiert auch Geduld, Ausdauer und Selbstvertrauen.

Werft ein paar trockene Blätter in die Luft, um herauszufinden, **aus welcher Richtung** der Wind weht.

MEHR ZEIT?

- Wenn ihr etwas Übung mit einem normalen Drachen habt, könnt ihr es mit einem **Lenkdrachen** versuchen. Er hat zwei Schnüre zum Steuern, und man kann mit ihm richtige Kunstflüge veranstalten. Videos gibt es im Internet.

RICHTIG STARTEN

Der Start ist am einfachsten, wenn ein Freund den Drachen festhält. Du gehst langsam gegen den Wind rückwärts. Dann lässt der Helfer den Drachen los, und du rollst die Drachenschnur ab. Wenn du keinen Helfer hast, kannst du deinen Drachen auch auf den Boden legen und dann schnell in den Wind laufen, bis der Drachen abhebt.

Lasst
Drachen am
Strand oder auf
freien Feldern
steigen, weit weg
von Bäumen.

1–1,5 Std

FLIEG MIT MIR!

Verkleiden fördert die Kreativität und die Fantasie. Man kann zwar fertige Kostüme kaufen, aber es macht viel mehr Spaß, sie selbst zu erschaffen. Wie wäre es mit maßgeschneiderten Flügeln in euren Lieblingsfarben? Vielleicht gibt es auch ein geflügeltes Wesen, das euch besonders gut gefällt?

IHR BRAUCHT

- Farbige Blumen oder Blätter
- Transparentpapier, mindestens 60 cm lang
- Bleistift
- Schere
- 2 Stücke Klarsicht-Klebefolie, je mindestens 60 cm lang
- Tacker oder Locher
- Gummiband, 5 mm breit

ANLEITUNG

1. Verwendet flache Blätter oder gepresste Blüten (siehe Seite 132). Das Transparentpapier zur Hälfte falten, damit die Flügel symmetrisch werden.
2. Auf eine Seite des Papiers einen Flügel zeichnen. Sorgfältig ausschneiden. Jetzt das Papier aufklappen – fertig sind zwei spiegelbildliche Flügel.
3. Die beiden Stücke Klarsichtfolie ebenso falten.
4. Das Transparentpapier wieder zur Hälfte falten, auf ein gefaltetes Stück Klarsichtfolie legen und den Umriss nachzeichnen. Sorgfältig ausschneiden.
5. Das andere Stück Klarsichtfolie ebenso ausschneiden.
6. Das Papier von einer Klarsichtfolie abziehen. Die Folie mit der klebrigen Seite nach oben ausbreiten. Mit Blüten und Blättern verzieren.
7. Das Papier von der anderen Folie abziehen. Die Folie mit der klebrigen Seite nach unten auf die Flügel legen und andrücken, um entstandene Luftblasen zu entfernen.
8. Die Flügel an den Körper halten, damit ein Helfer die Positionen der Gummis für die Armbänder anzeichnen kann.
9. Die Gummis an den Markierungen festtackern oder Löcher stanzen und die Gummis festknoten.

Vielleicht gefallen dir **Fledermausflügel?**

AUSPROBIEREN!
Lasst euch mit euren tollen neuen Flügeln fotografieren.

KÜRBISERNTE

Ein Ausflug auf ein Kürbisfeld ist eine tolle Aktion für den Herbst. Zieht mit der ganzen Familie los, oder nehmt Freunde mit. Wie wäre es, so einen Ausflug jedes Jahr zu einem festen Termin zu planen?

SCHIEBEN STATT TRAGEN

Kürbisse können ganz schön schwer sein! Das Hantieren mit Schubkarre oder Bollerwagen trainiert Kraft und Geschicklichkeit. Man muss üben, solche Fahrzeuge richtig zu steuern. Mit leichten Karren können auch kleinere Kinder mitmachen.

TIPP

- Kürbisse halten sich mindestens **zwei bis drei Monate.** Ihr habt also den ganzen Herbst lang Zeit zum Schnitzen, Basteln und Kochen.

Macht ein **Wettrennen** mit euren Schubkarren.

KÜRBISSE SORTIEREN

Es gibt so viele verschiedene Kürbissorten! Sortiert sie: gestreifte zu gestreiften, bucklige zu buckligen. Dabei übt ihr, genau hinzuschauen und zu vergleichen. Mehr Ideen mit Kürbissen findet ihr auf den Seiten 224 und 280.

NOCH MEHR IDEEN

- An Kürbissen kann man auch gut **das Hämmern üben.** Kleinere Kinder können dafür kleine, angespitzte Holzstücke und einen Holzhammer verwenden.

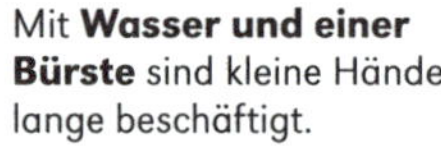

Mit **Wasser und einer Bürste** sind kleine Hände lange beschäftigt.

Nehmt eine **Kamera** mit, um die vielen Kürbissorten zu fotografieren.

AUSPROBIEREN!
Nehmt als Griff einen Stock oder einen Holzspieß aus der Küche.

30–60 Min

BLÄTTERMASKEN

Blätter erzeugen die Nahrung für Bäume. Ist das nicht großartig? Dafür verwenden sie Kohlendioxid aus der Luft und Wasser, das von den Wurzeln des Baumes aufgenommen wird. Mithilfe von Sonnenlicht stellen sie daraus Zucker her. Dabei entsteht auch Sauerstoff, den wir Menschen zum Atmen brauchen. Außerdem sind Blätter ein tolles Bastelmaterial.

IHR BRAUCHT

- Blätter
- Schere
- Farbe (am besten Acrylfarbe)

ANLEITUNG

1. Ganz wichtig: Auf keinen Fall von einem gesunden Baum die Blätter abreißen. Sammelt nur abgestorbene Blätter, die auf dem Boden liegen.
2. Mit einer Schere vorsichtig Löcher für die Augen und vielleicht auch für den Mund ins Blatt stechen, dann die Löcher sorgfältig etwas größer ausschneiden.
3. Jetzt könnt ihr die Blätter anmalen. Vielleicht soll es ein Tiergesicht werden oder ein Fabelwesen?
4. Haltet euch die Blattmasken vor das Gesicht. Dann könnt ihr damit im Garten tanzen wie auf einem Maskenball.

Auch aus **RInde** von abgestorbenen Bäumen kann man tolle Masken basteln.

NOCH MEHR IDEEN

- Ihr könnt mehrere **kleine Blätter** zu einer größeren Maske zusammenkleben.
- Stabiler wird die Maske, wenn ihr sie aus **Pappe** ausschneidet und mit Blättern beklebt.

1–1,5 Std

MAISPUPPEN

Diese kleinen Figuren sind eine hübsche Dekoration, und sie eignen sich auch gut zum Verschenken. Außerdem werden dabei die Reste von Maiskolben verwertet, die sonst auf dem Kompost landen würden. Beim Biegen und Drehen trainieren Kinder ihre Feinmotorik.

IHR BRAUCHT

- Hüllblätter von Mais – gern in verschiedenen Farben, z. B. von Ziermais
- Warmes Wasser
- Schnur oder Bindfaden
- Schere

ANLEITUNG

1. Trockene Maisblätter in warmes Wasser legen, bis sie sich leicht biegen lassen, ohne dabei zu brechen. Das dauert etwa 10–20 Minuten.
2. Vier Blätter von ungefähr gleicher Größe aufeinanderlegen.
3. Zur Hälfte falten und 5 cm unter dem Knick mit Schnur abbinden. Das ist der Kopf.
4. Ein einzelnes Blatt der Länge nach aufrollen. Die beiden Enden mit Schnur abbinden. Das werden die Arme der Figur.
5. Das aufgerollte Blatt vorsichtig zwischen die vorderen und hinteren Blätter der Figur schieben. Unter den Armen – also in der Taille der Figur – wieder abbinden.
6. Wenn die Figur einen Rock tragen soll, die Maisblätter unten gerade abschneiden. Soll sie Hosen tragen, die Blätter teilen und an den Knien und den Knöcheln mit Schnur abbinden.
7. Die Figur eine halbe Stunde in der Sonne trocknen lassen. Dann kann sie weiter verziert werden.

MEHR ZEIT?

- Nehmt die Maisfiguren zum Spielen **mit nach draußen.** Ihr könnt sie in die Tasche stecken oder in eine Puppenkarre setzen und ihnen zeigen, wie es bei euch aussieht.

NOCH MEHR IDEEN

- Aus weiteren Maisblättern könnt ihr für eure Puppen **Kleidung** basteln. Ein kleines Stück genügt für einen Gürtel.
- Ihr könnt auch Kleidung aus **Stoffresten** zurechtschneiden und mit Band oder Klebstoff befestigen.

AUSPROBIEREN!

Diese Figur trägt ein grünes Kleid aus frischen Maisblättern.

SPIELPLATZ-RUNDE

Jeder Spielplatz ist etwas anders. Nehmt euch ein paar Stunden Zeit, packt euch etwas zu essen und zu trinken ein und probiert mehrere Spielplätze in eurer Umgebung aus.

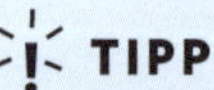

TIPP

- Geht **im Internet** auf die Suche nach Spielplätzen. Schaut euch die Bilder an und lest auch die Bewertungen von anderen Besuchern.

SCHWERE ARBEIT

Beim Heben, Ziehen oder Schieben muss euer Körper schwer arbeiten. Dabei werden die Gelenke und Sehnen gestärkt. Durch viele verschiedene Arten von Bewegung wird auch eure Körperwahrnehmung trainiert.

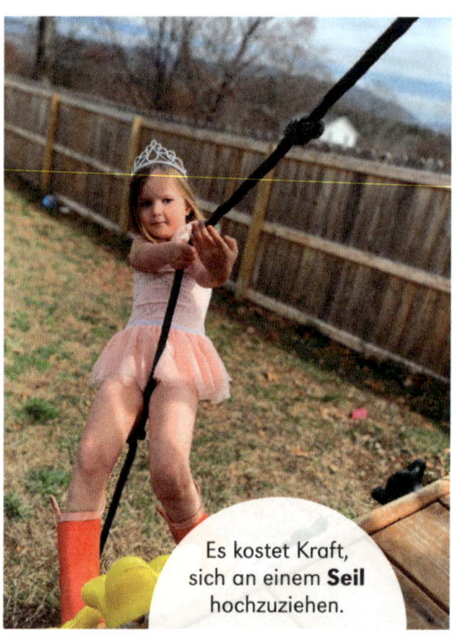

Es kostet Kraft, sich an einem **Seil** hochzuziehen.

Kopfüber zu hängen ist eine gute Übung für das **Gleichgewichtsgefühl.**

DREHWURM

Wenn ihr euch dreht, schleudert, überschlagt oder springt, wird euer Gleichgewichtssystem trainiert, und ihr könnt euch besser im Raum orientieren. Tobt euch also nach Herzenslust auf Karussells und Schaukeln aus.

NOCH MEHR IDEEN

- Nehmt Frühstück und Mittagessen mit und esst jede Mahlzeit auf einem **anderen Spielplatz.**
- **Bewertet** die Spielplätze mit Punkten von 1 bis 10.

Findet beim **Klettern** heraus, was ihr euch zutraut.

KLETTERGERÜSTE

Man kann auf Klettergerüste klettern oder sich an sie hängen. Dabei werden Arme, Handgelenke, Schultern und Rumpfmuskulatur gestärkt. Das ist wichtig für eine gute Haltung.

RUTSCHEN

Ob gerade, in Kurven oder in einer Röhre: Rutschen macht einen Riesenspaß. Kaum ist man unten, möchte man wieder nach oben klettern. Das ist ein gutes Training für die verschiedensten Muskeln.

Das Spielen an verschiedenen Geräten ist gut für das **Selbstvertrauen.**

KOMPLEXE BEWEGUNGEN

Abwechslungsreiche Bewegungsabläufe verbessern die Gehirnfunktion. Darum haben wir auf Spielplätzen nicht nur Spaß, sondern werden auch schlau. Probiert also immer wieder einmal neue Spielplätze aus. Auf lange Sicht ist das gut für euer Gehirn.

Das Gehirn findet **neue Anregungen** spannend. Die findet man nicht nur am Bildschirm, sondern auch auf dem Spielplatz.

30 Min

PILZ-SKULPTUREN

Wusstet ihr, dass es auf der Welt mehr als 120 000 bekannte Pilzarten gibt? Das ist eine ganze Menge. Zieht los und geht auf die Suche. Manche Pilze wachsen auf dem Waldboden oder an Baumstämmen, andere findet man auf Wiesen. Und man kann mit ihnen auch tolle Skulpturen formen.

IHR BRAUCHT

- Pilze
- Eicheln, Blätter, Stöcke, Zweige
- Klebstoff (am besten eine Heißklebepistole)
- Marker (wahlweise)

ANLEITUNG

1. Zuerst müsst ihr viele Pilze sammeln. Am besten geht ihr dafür an den Rand eines Walds, in dem Eichen, Ulmen oder Eschen wachsen. Schaut euch auch tote Bäume oder Baumstümpfe genau an. Aber Vorsicht, manche Pilze sind sehr giftig. Fragt einen Erwachsenen, ob ihr die Pilze anfassen dürft.
2. Versucht, verschiedene Pilzarten in unterschiedlichen Größen zu finden.
3. Bastelt aus den Pilzen und Blättern, Eicheln oder Zweigen Skulpturen. Ihr könnt die Teile auch zusammenkleben. Beim Umgang mit der Heißklebepistole sollte ein Erwachsener helfen.
4. Versucht, aus den Pilzen Figuren zu bilden und mit ihnen ein Puppenspiel aufzuführen.

Wenn ihr viele verschiedene Pilze findet, könnt ihr mit ihnen ein **Mandala** legen.

⚠ SICHERHEIT!

- Manche Pilze sind **tödlich giftig,** da genügt schon, sie zu berühren. Immer Erwachsene fragen!
- Auch Erwachsene können sich irren. Nehmt ein **Pilzbuch,** seht online nach oder fragt Fachleute.
- Schaut euch an, welche giftigen Pilze **in eurer Gegend** wachsen und wie sie aussehen.

AUSPROBIEREN!
Wer kann auf dem Stiel dieses Pilzes ein Gesicht entdecken?

SCHÄTZE SAMMELN

In der Natur gibt es jede Menge Dinge, die man sammeln kann. Manche sehen einfach schön aus, andere könnt ihr zum Spielen benutzen. So ein Sammelausflug macht großen Spaß.

AM BACH

Zieht die Schuhe aus und geht auf die Suche nach schönen glatten Steinen oder Krebsscheren. Schaut nach, was ihr im knietiefen Wasser findet, aber watet nicht zu tief hinein und passt gut auf, dass ihr keine Tiere stört. Ein Erwachsener sollte immer in der Nähe sein.

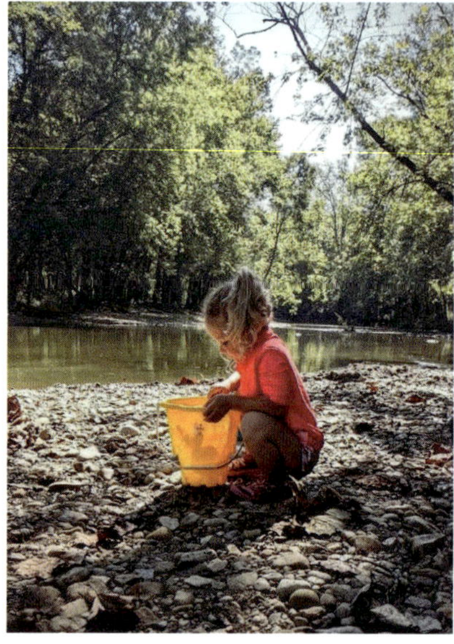

Mit **Badeschuhen** könnt ihr leicht über die Flusskiesel gehen.

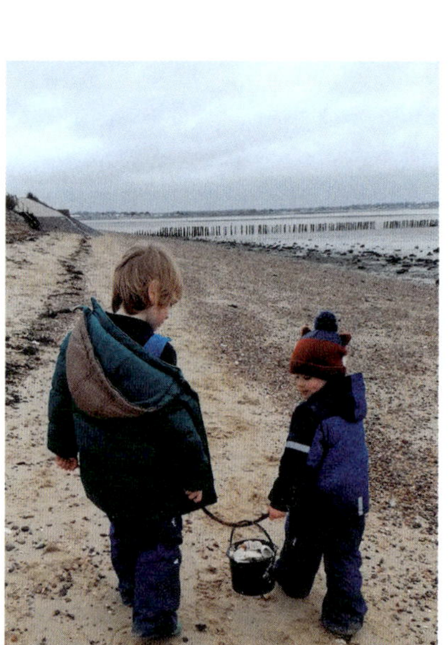

Nehmt einen **Eimer** mit, um eure Fundstücke nach Hause zu tragen.

STRANDRÄUBER

Am Strand findet ihr Muscheln, bunte Steine, Skelette von Fischen, Treibholz und Federn, manchmal auch Reste von Fischernetzen – wahrscheinlich mehr, als in eure Jackentaschen passt.

MEHR ZEIT?

- Am Strand kann man auch im **Winter** sammeln gehen, wenn man sich schön warm anzieht. Besonders bei kräftigem Wind werden viele interessante Dinge angeschwemmt.

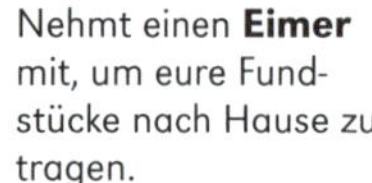

IM WALD

Im Wald kann man verschiedene Kräuter, Pilze und Beeren sammeln. In manchen Gegenden wachsen auch köstliche Esskastanien. Fragt aber immer einen Erwachsenen, bevor ihr gefundene oder abgepflückte Dinge aus der Natur esst.

DEKORIEREN

Es ist schön, Dinge aus der Natur in die Wohnung zu holen – für Tage, an denen man nicht nach draußen gehen kann. Präsentiert eure gesammelten Schätze in einem Rahmen oder einem alten Setzkasten.

UNTER BÄUMEN

Baumzapfen, Walnüsse, Eicheln, Kastanien und andere Dinge kann man unter Bäumen finden. Solche Fundstücke eignen sich prima, um später damit etwas zu basteln. Schaut auch nach oben, um zu lernen, wie die Bäume aussehen.

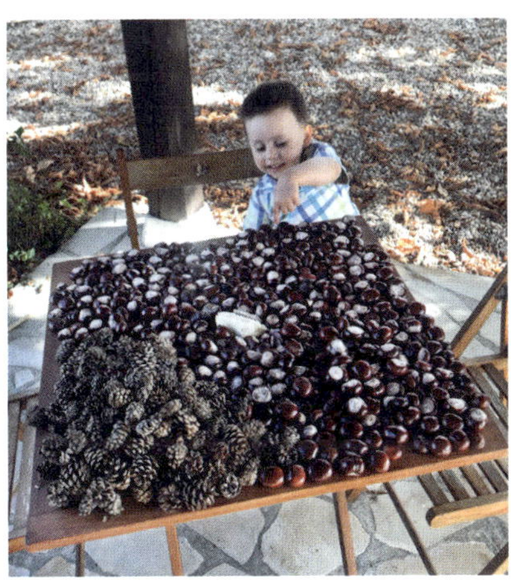

Breitet eure **gesammelte Beute** auf einer Tischplatte aus, um alles genau anzuschauen.

So toll kann eine Sammlung von Dingen aus der Natur in einem **Mini-Regal** aussehen.

2+ Std

KÜRBISHAUSEN

Kürbisse sind orange, richtig? Ja, das trifft auf viele zu, aber manche Sorten haben auch andere Farben. Und es gibt Kürbisse in vielen verschiedenen Formen und Größen. Tut euch zusammen und bastelt aus vielen Kürbissen ein ganzes Dorf. Schnitzt aus den Kürbissen Häuser mit Türen und Fenstern und bemalt sie. Und wenn es dunkel wird, könnt ihr Teelichter in eure Kürbishäuser stellen.

IHR BRAUCHT

- Kürbisse
- Schnitzwerkzeuge (Erwachsene sollten helfen!)
- Farben oder Marker (wahlweise)

ANLEITUNG

1. Damit das Dorf richtig schön abwechslungsreich aussieht, geht zuerst auf die Suche nach Kürbissen in verschiedenen Farben, Formen und Größen. Kürbisse gibt es in Grün, Orange, Weiß, Gelb und Schwarz. Manche sind rund, andere länglich, und wieder andere haben viele Buckel und Warzen. Je bunter eure Mischung, desto besser!
2. Schneidet die Kürbisse auf und höhlt sie aus, damit sie länger halten. Lasst euch dabei von einem Erwachsenen helfen.
3. Jetzt werden Türen und Fenster geschnitzt. Kleinere Einzelheiten könnt ihr aufmalen.
4. Baut aus den Kürbissen ein Dorf auf. Ihr könnt auch bemalte Baumzapfen oder kleine Spielfiguren dazustellen, denn euer Kürbisdorf braucht ja auch Bewohner.

In diesem Dorf wohnen **Baumzapfen-Figuren** mit Köpfen aus Holzkugeln.

AUSPROBIEREN!
Jetzt könnt ihr
Dorfgeschichten
erfinden und mit
euren Figuren
nachspielen.

BLÄTTERHAUFEN

Mit diesen Spielen macht ihr den Erwachsenen eine Freude, denn wenn ihr die Blätter zu Haufen zusammenharkt, nehmt ihr ihnen Arbeit ab. Der Spaß kann beginnen, sobald die Bäume anfangen, ihr Laub abzuwerfen.

Es macht Spaß, Blätter **in die Luft** zu werfen und herabrieseln zu lassen.

HÜRDENLAUF

Harkt mehrere Haufen Blätter zusammen. Dann veranstaltet ein Wettrennen, bei dem jeder über die Blätterhaufen springen muss. Wer es am schnellsten schafft, ist Sieger. Aber Vorsicht: Wenn jemand Blätter aus einem Haufen aufwirbelt, gibt es Punktabzug.

TIPP

- Wenn alle beim Harken **mithelfen,** ist der Garten nach dem Spielen schön aufgeräumt.

WEITSPRUNG

Harkt einen großen Blätterhaufen zusammen und zieht davor eine Linie. Von hier müssen alle abspringen. Natürlich darf man vorher Anlauf nehmen! Wer schafft den weitesten Sprung?

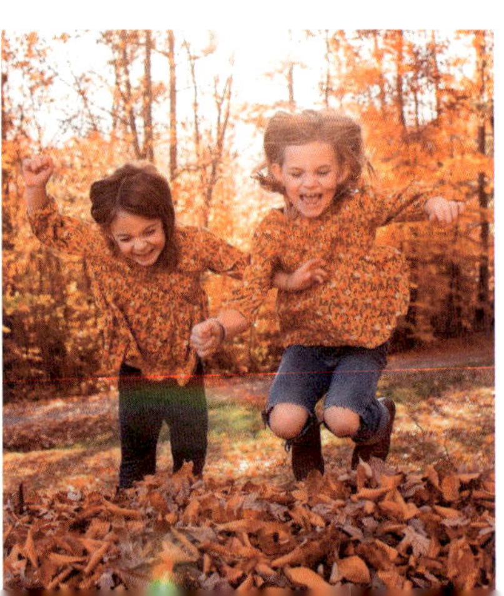

Der Haufen sollte hoch genug sein, damit ihr **weich** landet.

HINDERNISRENNEN

Verteilt mehrere kleinere Laubhaufen im Garten und legt Aufgaben fest. Über kleine Haufen kann man rückwärts springen, um größere herumlaufen. Vielleicht muss man auch die Blätter von einem Platz an einen anderen bringen?

Trockene Blätter **rascheln,** wenn man hineinspringt.

⚠ SICHERHEIT!

- Springt nur in **frisch zusammengeharkte** Laubhaufen. Schon nach kurzer Zeit verstecken sich darin Tiere, die ihr nicht stören solltet.
- Kontrolliert nach dem Spielen, ob sich jemand eine **Zecke** eingefangen hat. Wenn ihr eine findet, bittet einen Erwachsenen, sie mit einer Zeckenzange zu entfernen. Nicht einfach aus der Haut reißen!

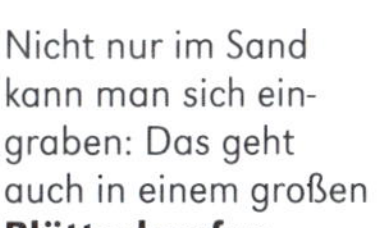

Nicht nur im Sand kann man sich eingraben: Das geht auch in einem großen **Blätterhaufen.**

BLÄTTER RUBBELN

30 Min

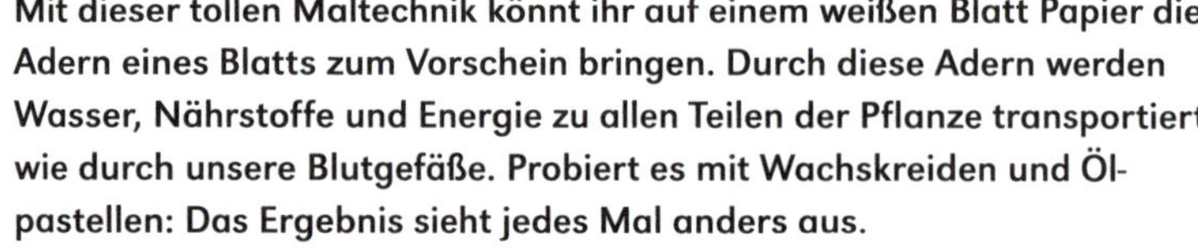

Mit dieser tollen Maltechnik könnt ihr auf einem weißen Blatt Papier die Adern eines Blatts zum Vorschein bringen. Durch diese Adern werden Wasser, Nährstoffe und Energie zu allen Teilen der Pflanze transportiert wie durch unsere Blutgefäße. Probiert es mit Wachskreiden und Ölpastellen: Das Ergebnis sieht jedes Mal anders aus.

IHR BRAUCHT

- Blätter in verschiedenen Formen und Größen
- Papier
- Klemmbrett oder andere harte Unterlage
- Wachskreiden oder Ölpastelle

ANLEITUNG

1. Zuerst das Laub sammeln. Frisch gefallene Blätter eignen sich am besten. Ältere Blätter sind schon etwas spröde und zerbrechen leicht. Die Blätter müssen unbedingt trocken sein, sonst wird das Papier fleckig.
2. Das Blatt unter das Papier legen, sodass die Blattunterseite nach oben zeigt. Papier und Blatt am besten festklemmen, damit nichts verrutschen kann.
3. Wer möchte, kann von den Kreiden das Papier ablösen und die Kreiden auf die Seite legen. Das ist aber nicht unbedingt notwendig.
4. Vorsichtig mit der Kreide über das Papier streichen. Dabei könnt ihr sehen, wie allmählich die Blattadern sichtbar werden. Streicht auch über die Blattränder, um sie auf dem Papier zum Vorschein zu bringen.
5. Zum Schluss das Blatt unter dem Papier herausnehmen.

NOCH MEHR IDEEN

- Legt mehrere Blätter **überlappend** unter das Papier wie eine Collage.
- Große Bögen mit durchgerubbelten Blättern kann man als **Geschenkpapier** benutzen.
- Rubbelt einzelne kleine Blätter in einer Ecke von **Briefbögen** durch.

Experimentiert mit Kreiden und Stiften in verschiedenen Farben.

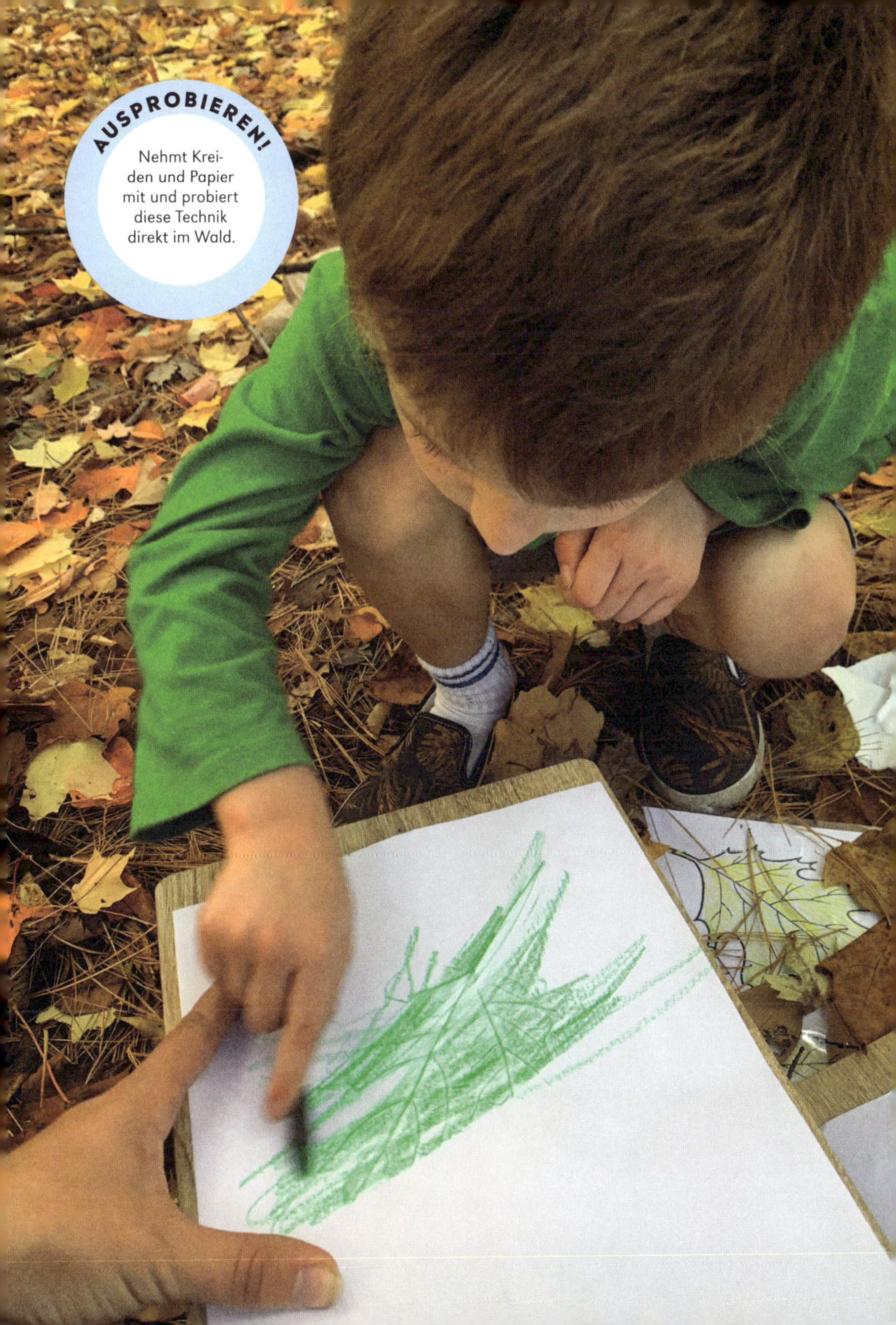
AUSPROBIEREN!
Nehmt Kreiden und Papier mit und probiert diese Technik direkt im Wald.

SICHERHEITS-INFORMATIONEN

Die folgenden Hinweise sind bei allen Aktivitäten in diesem Buch zu beachten:

- Kinder müssen beim Spielen im Freien grundsätzlich beaufsichtigt werden.
- Besondere Aufsicht ist in Wassernähe nötig. Selbst flaches Wasser kann gefährlich sein.
- Manche Pflanzen stehen unter Naturschutz und dürfen nicht gepflückt oder ausgegraben werden.
- Manche Pilze und Beeren sind giftig. Sammeln und Verzehr erfolgen auf eigene Gefahr der Leser.
- Tiere können beißen oder stechen. Pflanzen können allergische Reaktionen auslösen. Daher immer Vorsichtsmaßnahmen treffen und ein Erste-Hilfe-Set bereithalten.
- Nester und Baue von Tieren nicht beschädigen. Keine Eier aufheben und keine frei lebenden Tiere streicheln.
- Lebensmittelfarben und andere Materialien können hartnäckige Flecken verursachen. Kleidung, Möbel und andere Gegenstände abdecken oder anderweitig schützen.
- Kinder dürfen Batterien und Teelichter nicht berühren. Batterien sollten nur von Erwachsenen gewechselt werden.
- Die Rezepte in diesem Buch wurden für die genannten Zutaten und Methoden entwickelt. Es liegt in der Verantwortung von Eltern, eventuelle Allergien oder Unverträglichkeiten ihrer Kinder zu beachten. Die Herausgeber übernehmen keine Verantwortung für Beschwerden oder Schäden.
- Ein Lagerfeuer nur dort anzünden, wo es gestattet ist, andernfalls können Tiere zu Schaden kommen, oder es kann ein Waldbrand entstehen. Siehe dazu auch Seite 20.

DANK

- An meine Freunde Tori und Elly auf der anderen Seite des großen Teichs für ihre Unterstützung bei diesem Projekt
- An die Furchtbaren Fünf, die immer in Abenteuerlaune sind
- An die Community von *1000 Hours Outside* für ihre Begeisterung und die unglaublich inspirierenden Fotos aus dem Familienalltag, der so gar nicht alltäglich ist

Bildnachweis

Der Herausgeber dankt für die Genehmigung zur Verwendung von Fotos:

(o-oben; u-unten; M-Mitte; a-außen; l-links; r-rechts)

10 Dreamstime.com: Nadezhda Andriyakhina. **11 Dreamstime.com:** Nadezhda Andriyakhina. **14 Dreamstime.com:** Isssseeey. **15 Dreamstime.com:** Igor Sokalski. **27 Dreamstime.com:** Anastasiia Yanishevska. **39 Dreamstime.com:** Lubos Chlubny. **50 Dreamstime.com:** Steveheap. **51 Dreamstime.com:** Marcel De Grijs. **57 Dreamstime.com:** Chaoticmind. **64 Dorling Kindersley:** 123RF.com: Leonid Ikan. **78 Dreamstime.com:** Galina Barskaya (ur); Montypeter (Ml); Venkra (Mr). **83 Dorling Kindersley:** Dreamstime.com: Prentiss40. **103 Dreamstime.com:** Famveldman (o); Varina And Jay Patel (u). **124 Dreamstime.com:** Maryia Kazlouskaya. **126 Dreamstime.com:** Robert Byron. **127 Dreamstime.com:** Robert Kneschke. **132 Dreamstime.com:** Vafina1980. **133 Dreamstime.com:** Eclypse78. **135 Dreamstime.com:** Punporn Aphaithong (Ml). **141 Dreamstime.com:** Ecophoto (Ml); Jill Lang (ol); Nikhil Gangavane (or); Matthew Swartz (Mr); Nikhil Gangavane (ul); Masezdromaderi (ur). **158 Dreamstime.com:** Yvonne Bogdanski (Ml). **167 Dreamstime.com:** Sasi Ponchaisang (ol). **175 Dreamstime.com:** Isaac Mcevoy (o); **192 Dreamstime.com:** Natpol Rodbang (ul). **193 Dreamstime.com:** Keith Brofsky (ol); Monkey Business Images Ltd (ul). **199 Dreamstime.com:** Florian Jung (u). **200 Dreamstime.com:** Agneskantaruk. **203 Dreamstime.com:** Josephine Julian Lobijin (Mro). **213 Dorling Kindersley:** iStockphoto.com: SolStock. **215 Dreamstime.com:** Robert Kneschke. **232 Dreamstime.com:** Koldunova Anna (ul). **233 Dreamstime.com:** Jon Lumrouex (ur); Yaroslav Shiyko (ol). **238 Dreamstime.com:** Dmitry Naumov (M); He Yujun (ur). **239 Dreamstime.com:** Feverpitched (ul). **262 Dreamstime.com:** Remus Cucu (ur); Ticomolafuera (Ml). **264 Dreamstime.com:** Elisabeth Burrell (Mro); Robert Kneschke (Ml)

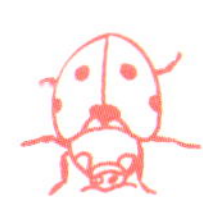

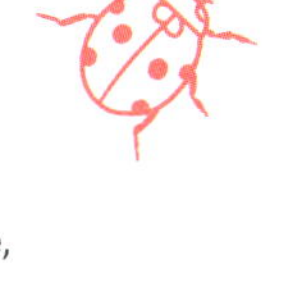

Coverfotos: Getty Images / iStock: Imgorthand / E+

Der Verlag bedankt sich bei allen Mitgliedern der 1000-Hours-Community, die Fotos eingesandt und ihre freundliche Genehmigung zur Aufnahme in das Buch erteilt haben. DK US dankt außerdem Methab Ali, Hollie Barber, Victoria Cochrane, Elizabeth Dowsett, Candace McManus, Dushana Pinfield und Rachel Wilson.

DK New York
Lektorat Mark Searle, Tori Kosaraf, Paula Regan, Elizabeth Dowsett
Gestaltung und Bildredaktion Jo Connor, Anna Formanek, Rosamund Bird
Umschlaggestaltung Rosamund Bird und Anna Formanek
Herstellung Jennifer Murray, Lloyd Robertson
Bildnachweis siehe S.287
Illustrationen Rosamund Bird

Für die deutsche Ausgabe:
Verlagsleitung Monika Schlitzer
Programmleitung Heike Faßbender
Redaktionsleitung Anne Rullen
Projektbetreuung Doreen Wolff
Herstellungsleitung Dorothee Whittaker
Herstellungskoordination Claudia Rode
Herstellung Verena Marquart

Titel der englischen Originalausgabe:
1000 hours outside. Activities to match screen time with green time.

Übersetzung Wiebke Krabbe, Damlos
Lektorat Carola von Kessel

ISBN 978-3-8310-4733-8

Druck und Bindung TBB, a.s., Slowakei

FSC
www.fsc.org
MIX
Papier | Fördert gute Waldnutzung
FSC® C018179

Klimaneutral
Druckprodukt
ClimatePartner.com/10326-2305-1007

www.dk-verlag.de

Hinweis
Die Informationen und Ratschläge in diesem Buch sind von der Autorin und vom Verlag sorgfältig erwogen und geprüft, dennoch kann eine Garantie nicht übernommen werden. Eine Haftung der Autorin bzw. des Verlags und seiner Beauftragten für Personen-, Sach- und Vermögensschäden ist ausgeschlossen.
Die Aktivitäten in diesem Buch erfordern eine gewisse Aufsicht durch Erwachsene. Stellen Sie immer sicher, dass Erwachsene und Kinder die Anweisungen sorgfältig befolgen. Die Autorin hat sich nach Kräften bemüht, grundlegende Sicherheitsrichtlinien aufzustellen. Es liegt jedoch in der Verantwortung eines jeden Benutzers dieses Buches, die individuellen Umstände und potenziellen Risiken und Gefahren jeder Aktivität, die er unternehmen möchte, zu beurteilen.